ECKART WARNECKE

CORONA-TAGEBUCH

Wie die Welt ab 2019 verändert wurde

Impressum

Bibliografische Information der Deutschen Nationalbibliothek:
Die Deutsche Nationalbibliothek verzeichnet diese Publikation in der
Deutschen Nationalbibliografie; detaillierte bibliografische Daten sind
im Internet über http://dnb.dnb.de abrufbar.

© 2022 Autor: Eckart Warnecke
1. Auflage: August 2022
Umschlagdesign: Farkhunda Nasri

Printed in Germany

Herstellung und Verlag: BoD – Books on Demand, Norderstedt

ISBN: ISBN: 9783754330562

„Schnell! Dort hinten, links rum,
da ist er langgelaufen."

Sofort stürzen die Verfolger in die Richtung,
in die der Mann mit ausgestrecktem Arm gezeigt wurde.
Der Dieb jedoch wendet sich nach rechts und geht
beruhigt in die andere Richtung.
Er hat sein Ziel erreicht.

„Wir haben keine Corona-Krise,
wir haben in erster Linie eine Krise der Moral."

Dieses Buch ist ein persönliches Sachbuch. Es verbindet meine Tagebucheintragungen mit Informationen und politischen Aussagen, die sich rückblickend als Ungereimtheiten, manchmal sogar als Lüge herausstellten. Natürlich ist es in Teilen subjektiv; natürlich ist es kritisch. Es integriert wesentliche Daten und Forschungsergebnisse in den Text - zumeist Studien, die es aus ‚unerklärlichen' Gründen nie in die öffentlichen Medien geschafft haben. Dennoch - obwohl man in der Mainstream-Presse mehrheitlich bestrebt war, diese gezielt zu ignorieren, zum Teil auch zu diskreditieren, gehören sie zur Wirklichkeit. Insofern ist das Buch auch ein Dokument des Widerstands.

Mein Text lässt die Entwicklungen seit Dezember 2019 Revue passieren. Er hilft dabei, durch die bewusste Betrachtung der Abläufe zu erkennen, dass wir lediglich Figuren auf einem Schachbrett sind. Die Mächtigen bestimmen die Züge, sie bringen uns bei, wie wir zu denken, zu handeln und zu funktionieren haben. Sie haben es durch den Einsatz von unbeschreiblich viel Geld geschafft, aus der Welt über Nacht eine andere zu machen. Schauen wir also mal rein!

Eckart Warnecke (im August 2022)

Hinweis:
Dieses Buch erhebt keine wissenschaftlichen Ansprüche. Es enthält im Kern die persönlichen Tagebuch-Eintragungen des Autors seit Ende 2019. Hinzu kommen Entdeckungen über Studienergebnisse, Erkenntnisse und Aussagen von Fachleuten, die Eckart Warnecke im Verlaufe der Pandemie im Netz, in kritischen Portalen und in Tageszeitungen gesammelt und diese zeitnah in die Texte eingearbeitet hat. Das Buch erweckt nicht den Anspruch auf Vollständigkeit. Der größte Teil der hier beschriebenen Informationen tauchte nie in den Mainstream-Medien auf. Allerdings kann alles durch eigene Recherche nachvollzogen werden.

Inhaltsverlauf

0

Als die Welt noch in Ordnung war

„Wenn du Gott zum Lachen bringen willst,
dann erzähl' ihm von deinen Plänen·"
(Blaise Pascal, 1633 – 1662)

Wir befinden uns am Ende von 2019: Ich hatte viel vor, viele Pläne. Dass ich später mal irgendwann die Idee entwickeln könnte, so etwas wie persönliche Tagebuch-Aufzeichnungen zu veröffentlichen, tja liebe Leserinnen und Leser, dass hätte ich mir nicht zu träumen gewagt; zumindest nicht bis zu demjenigen Zeitpunkt, ab dem der ganze Spuk losging und ab dem die Welt eine andere zu werden begann.

Ich kümmerte mich damals wie eh und je um meine Patienten und war gerade dabei, ein Buchprojekt über Schule im Jahr 1969 abzuschließen; Lausbubengeschichten - gedacht als Erinnerung an das Aufbegehren der jungen Leute infolge der ‚68-er' Zeit; gleichzeitig verstanden als Mahnung an heutige Generationen, die Entscheidungen und Aussagen von Politikern und Lehrern unbedingt wieder kritischer zu hinterfragen. Auch wenn ich einige Nachrichten von einem Bekannten aus China erhalten hatte, dass dort Fälle mit einer neuartigen Lungensymptomatik aufgetaucht seien, redete ich mir ein, China, das sei derart weit weg, das würde mich und uns hier wohl kaum tangieren.

12. Januar 2020: Mein Verlag hatte die erste Auflage des Buches „1969" drucken lassen, es gab eine öffentliche Präsentation mit viel Sekt, Gesprächen und freundschaftlichem Austausch. Die Weihnachtstage inmitten der Familie – wie seit Jahren im größeren Kreis. Dankbarkeit mag meine Stimmung hierzu wohl am ehesten beschreiben. Und unbeschwert, ja so ließe sich die Seelenlage wohl umreißen.
Obwohl …! Die Nachrichten über Verschuldung, demografischen Wandel, Syrien-Krieg, Zuwanderung, Flüchtlinge, Arbeitskräftemangel und vor allem Klima-Krise wollten nicht verstummen; aber was machte das schon? Schließlich wurde schon seit Jahrzehnten immer wieder auf diese Themen hingewiesen. Sollte das Ganze so gesehen nicht weit weg sein?
Zwischenzeitlich beschäftigte ich mich mit meinem Lieblingsthema. Ein spiritueller Text war mir in die Hände gekommen. Osho, ein indischer Weisheitslehrer hatte gemeint: „Freiheit hat nichts mit der Außenwelt zu tun, man kann sogar in einem Gefängnis frei sein. Freiheit ist etwas Inneres, sie kommt aus deinem Bewusstsein. Wenn dein Bewusstsein nicht wirklich frei ist, dann bleibst du ein Gefangener."
Wie schön. Ein Text von 1985, in dem noch nicht das unselige Gendern vorkommt. Ein Text, der uns die Augen öffnen kann für das, was wir uns hier im Westen all' zu oft vormachen. Ein Text, der Freiheit nicht als gottgegebenen Zustand definiert, sondern als Aufforderung, hart am eigenen Denken zu arbeiten. Jeder mag bei uns Freiheit als ein wichtiges Merkmal seines Lebens definieren. Aber sind wir wirklich frei? Hatte ich mit der geistigen Beschäftigung zu diesem Thema etwa eine Vorahnung auf das was kommen würde? Ein Höchstmaß an Unfreiheit, an Bevormundung, an Spal-

tung der Gesellschaft, an Einschränkung der Bürgerrechte, an Widersprüchlichkeiten, an Hetze sowie an Unterdrückung Andersdenkender?

Schauen wir also mal rein in die Seele von Covid-19.

1

Etwas Bedrohliches schleicht sich heran

20. Januar 2020: Meine Gefühlslage hat sich etwas verschlechtert. Zwar Vorfreude - wir sind gerade dabei, unsere Sachen für die Reise nach Rijeka einzupacken. Rijeka, Kroatien - eine der beiden europäischen Kulturhauptstädte des Jahres – aber auch irgendwas Grummeliges im Bauch. Wir wollen drei Tage in Rijeka bleiben, dort an den kulturellen Festlichkeiten teilnehmen und von da rüber nach Grado. Grado, meine „Vierte Heimat". Ich liebe dieses Küstenörtchen. Adria, nicht weit bis Triest, Udine und auch Venedig. Von Rijeka nach Grado, das dauert zum Glück gerade mal zwei Stunden Autofahrt. Ich freue mich auf meine kleine Bar „La Fenice" im alten Teil des Ortes. Aber warum dieses bedrückende Gefühl? Nun gut, es wird etwas berichtet aus China. Eigenartige Berichte und Kommentare in den Nachrichten: In einem Ort mit einem Fisch- und Geflügelmarkt ist eine neue Virusart aufgetaucht.
Wuhan - in dem ‚Städtchen' sollen drakonische Maßnahmen durch die Regierung mit dem Absperren ganzer Wohnblöcke

mit Hilfe von Militär und Polizei ergriffen worden sein. Was tun mir die ‚armen Menschen' leid. Eingesperrt in ihren eigenen Wohnungen! Schrecklich! Na gut, so geht das eben in China.

Kommunistische Diktatur, da läuft vieles anders als bei uns. Da können sie so was halt machen.

Mein Gedanke erinnert an Asterix: *„Die spinnen, die Chinesen."* Ähnlich ergeht es auch dem Tesla-Typen Musk. Von *ihm las ich ein Zitat: „Den Leuten zu sagen, dass sie ihr Haus nicht verlassen können, dass sie dann festgenommen werden, das ist nicht demokratisch, das ist faschistisch!"*

22. Januar 2020: Das ZDF hat heute berichtet, die Zahl der Coronavirus-Toten in China sei erneut angestiegen. *„Die Erkrankungen durch den neuartigen Coronavirus in China haben sich nochmals sprunghaft weiter ausgebreitet. Nach einer neuen Zwischenbilanz der chinesischen Regierung stieg die Zahl der Toten um weitere zwei auf inzwischen sechs bestätigte Fälle."* Weiter war zu hören, dass die Gesamtzahl der Erkrankungen um mehr als 100 Fälle auf inzwischen 440 angewachsen sei. Über sechs Tote in einem Land mit etwa 1,4 Milliarden Einwohnern derart dramatisch zu berichten - das kommt mir einigermaßen paradox vor. Dennoch - dieses bedrückende Gefühl aus der Berichterstattung macht mich unsicher. Ist das nur bei mir oder beginnt sich eine Art Angstglocke über uns allen auszubreiten? Will man uns nur wieder einmal verrückt machen? Die hochdramatischen Ankündigungen und Warnungen über die drohenden Folgen von Vogel- und Schweinegrippe ab 2003 und 2009 hatten sich doch später für Deutschland als komplett übertrieben herausgestellt. Jetzt also Corona?

23. Januar 2020: Das komische Gefühl in der Magengegend bleibt. Kann man den Leuten trauen? Der Gesundheitsminister hat in einem RTL-Interview beschwichtigt; es gibt *„keinen Anlass zu Unruhe und unnötigem Alarmismus".* Das Virus als solches sei nach bisherigem Wissensstand keines, das sich sehr schnell nur über die Luft übertrüge. Im gleichen Zusammenhang wurde noch der Virologe Dr. Markus Frühwein zur Unterstützung herangezogen. Ähnliche Tendenz. Wir würden sicherlich eine ziemliche Ausbreitung über die Kontinente sehen, *„aber eher in Einzelfällen." Er glaubt, „dass wir uns keine großen Sorgen machen müssen wegen einer Pandemie oder dass wir in Deutschland die Häuser nicht verlassen können."*

Eines habe in meinem Leben gelernt: Wenn ein Politiker betont, man bräuchte sich keine größeren Sorgen zu machen, dann sollte man sich auf jeden Fall Sorgen machen. Wenn es heißt, über die Atemluft sei eine Ansteckung eher ungewöhnlich (O-Ton Spahn) und in unsere Häuser einsperren würde man uns sicherlich auch nicht, dann … na mal abwarten.

24. Januar 2020: Die Desinfektion der Hände, darauf sollten wir mehr achten als bisher. Desinfektion per Spray – für mich bisher ein Fremdwort. Aber ich war losgerannt, habe zwei Apotheken, Rossmann, Rewe und einen Drogerie-Markt abgeklappert. Jetzt froh zu Hause, in einer dritten Apotheke meinten sie, es gäbe zwar noch Desinfektions-Lösung, aber keine Flaschen. Ich war erleichtert, dass sie mir doch etwas von dem heilsbringenden Stoff in eine leere Ampulle abgefüllt haben. *„Gerettet!"* Erneut kommt in den Nachrichten die mahnende Stimme von Claus Kleber, würden wir uns an die grundsätzlichen Anweisungen halten, würde kaum eine reale Gefahr bestehen, zumal China auch ziemlich weit weg sei.

Eine Ausbreitung im größeren Stil bis nach Europa sei recht unrealistisch. Aber warum kommt es mir so vor, als würden die Menschen um mich herum ein wenig hektischer erscheinen? Man hört, dass es Probleme mit der Versorgung von Toilettenpapier gibt. Ein Blick in die Lidl-Regale, es stimmt. Eine Packung konnte ich mir ergattern. Ein zweiter kleiner *„Sieg"* in einem Krieg, den keiner offiziell erklärt hat.

27. Januar 2020: Die Medien geben Entwarnung: *„Nach derzeitiger Einschätzung von Experten verläuft die neuartige Lungenkrankheit offenbar in den meisten Fällen mild, möglicherweise sogar ohne Symptome. Von den in China registrierten Todesfällen gehen die meisten nach bisherigen Erkenntnissen auf ältere Patienten mit schweren Vorerkrankungen zurück."*
Wir sind in Urlaubsstimmung – getrübt? Kommt nicht in Frage! Schließlich soll die Gefahr, die bei uns vom Influenza-Virus ausgeht, viel konkreter sein - RKI-Sprecherin Susanne Glasmacher in einem Interview mit dem Rundfunk Berlin-Brandenburg: *„Wenn wir sehen, dass wir jetzt bei der laufenden Grippewelle schon über 13.000 bis 14.000 labordiagnostisch bestätigte Influenza-Erkrankungen haben und auch schon über 30 Todesfälle, dann ist das eine ganz andere Nummer".* RKI? Was soll das sein? Sicherlich etwas Wichtiges, sonst würde die Frau nicht derart stark angekündigt werden.

28. Januar 2020: Die Nachrichten kennen jetzt fast nur noch ein Thema. Es hat anscheinend den ersten deutschen Corona-Fall gegeben. Allerdings sei dieser Mann in einem ‚klinisch guten Zustand'. Kurios, die WHO hat plötzlich begonnen, die eigenen Angaben zum internationalen Gefährdungsniveau durch das Coronavirus zu korrigieren. Weltweit sei die Gefährdung jetzt „hoch" – bis kurz zuvor hatte man doch nur von einer „moderaten" weltweiten Gefahr gesprochen … (?) Eine WHO-Sprecherin begründete dies mit einem „Formulierungsfehler". Die WHO schätze das Risiko jetzt „sehr hoch in China, hoch in der Region und hoch auf weltweitem Niveau" ein. Es bestehe aber nach wie vor kein weltweiter Gesundheitsnotstand. Noch ein Tag bis zur Abfahrt Richtung Kroatien. Für eine Direktfahrt ist uns die Strecke zu weit, wir wollen eine Übernachtung in München einplanen. Ich freue mich, München hat für mich eine besondere Bedeutung. (Ob man das als HSV-Fan überhaupt sagen darf?)

30. Januar 2020: Was tut man als Kulturinteressierter, wenn man in eine Großstadt kommt? Man besucht ein Museum; zum Beispiel das Residenz-Schloss München mit seinen 150 Räumen voller Prunk und Kunstschätze. Die Gruppe von Menschen mit asiatischem Aussehen, auf die wir im zweiten Raum stießen, wurde geschickt umrundet. Man erinnerte sich gut an den Spruch der Dame an der Kasse, die uns zugeraunt hatte, sie hätte ein wenig Angst bekommen, da diese Leute ziemlich dicht an sie herangerückt wären. Es könnten ja schließlich auch ‚Chinesen' sein …
Im weiteren Verlauf unseres Rundganges durch viele atemberaubende Säle des Schlosses begegneten wir der Gruppe komischerweise noch einige Male. Die Führerin hatte augenscheinlich eine andere Route ausgewählt als wir. Und wir, ja wir gingen denen so gut es ging aus dem Weg – machten sozusagen einen weiten Bogen um die Leutchen herum. Man konnte ja schließlich nie wissen! Allerdings haben wir das mit

einem leicht ironisch-peinlichen Gefühl gemacht. Schließlich musste ja niemand merken, dass wir ein komisches Gefühl hatten. Nach außen hin war es für uns eher etwas Spaßiges, große Bögen um die *„Chinesen"* zu machen, aber innerlich war mir auch hier wieder etwas komisch. Sicher ist sicher. Der Gesundheitsminister Spahn, einer mit Abitur, einer Ausbildung zum Bankkaufmann und einem 14-jährigen Politikstudium in Ökonomie, hatte zwar erneut öffentlich abgewiegelt – diesmal auf NTV, aber ein Stück weit haben uns die angst- und panikunterlegten Medienberichte wohl doch beeinflusst.

2. Februar 2020: Rijeka war eher trostlos. Nun gut, das Jahr mit den vielen geplanten Events hatte ja auch noch gar nicht richtig begonnen. Es war auch ziemlich kalt – also sind wir einen Tag früher als geplant abgerauscht, hinüber zur Adria. Ich habe mitbekommen, dass bereits am 30. Januar in der italienischen Lokalzeitung ‚Il Gazzettino' von einem positiven Fall auf dem Flugplatz von Triest berichtet wurde. Ist zwar nur ein einzelner Fall, aber man fühlt sich schon ein wenig betroffen. Schließlich logieren wir gerade knappe fünfzehn Kilometer von dort entfernt. Aber auch hier – ähnlich wie in Deutschland der gleiche Tenor: Es sei ein bedauerlicher, aber eben nur ein Einzelfall gewesen. Was ist das für eine Strategie? Auf der einen Seite wird laufenden Meter beschwichtigt, andersrum wird überall aus der Mücke ein Elefant gemacht. Sechs Tote in China. Ein Infizierter in Deutschland, ein erster Fall in Italien. Eigentlich Peanuts. Was wollen sie in uns auslösen? Sollen wir vor Angst erstarren, damit wir uns angesichts einer etwas anders gearteten Grippewelle ängstlicher als früher verhalten? Irgendwas stimmt doch hier nicht!

3. Februar 2020: Wieder zurück in Deutschland. Wir machen unseren bereits lange geplanten Zwischenstopp in Rothenburg ob der Tauber.

Wir werden überraschend vom Corona-Thema eingeholt. Wer hätte schon ahnen können, was uns dort erwarten würde? Rothenburg ob der Tauber – es gibt vermutlich keine andere Stadt in Deutschland, in der man auf mehr Menschen aus den Regionen Fern-Ostasiens trifft, als hier. Jede Gaststätte besitzt Speisekarten in mehreren Sprachen, die wir zumindest nicht entziffern können. Und schon ab neun Uhr morgens sind die wichtigsten Straßen der Altstadt derart bevölkert, dass man annehmen könnte, man sei irgendwo in China oder Südkorea.

4. Februar 2020: Nach zwei Übernachtungen waren wir tatsächlich froh, dieser Örtlichkeit zu entfliehen. Keiner von uns sagt es, aber wir hofften wohl beide, dass niemand unserer flüchtigen Kontakte zu einer Ansteckung mit dem Virus geführt hat. Schließlich saßen wir zweimal in der Nähe von Asiaten in Restaurants.

6. Februar 2020: Auch in der Praxis merke ich: Das Thema ‚Corona‘ hat sich langsam aber sicher näher an mich und unsere Umgebung herangepirscht.

Immer noch wird eher beschwichtigt. Jetzt wurde zum Teil sogar von offizieller Stelle behauptet, der Verlauf einer Covid-Erkrankung würde vergleichbar sein wie bei einer Grippe. Bei Epochtimes lese ich: *„Die Elite-Universität Stanford hat (…) eine brisante Studie veröffentlicht. Demnach soll Corona kaum gefährlicher als eine normale Grippe sein. Das überraschende Ergebnis der Forscher: Die Sterblichkeitsrate bei*

Corona soll zwischen 0,12 und 0,2 Prozent betragen – und damit den Werten der Influenza, also der ‚klassischen‘ Grippe entsprechen.“ Immer mehr unterschiedliche Aussagen – man verliert die Übersicht, wem soll man glauben? Oder anders ausgedrückt: Wem will man noch glauben?

18. Februar 2020: In mir entsteht mehr und mehr der Eindruck: Es legt sich eine Art von ‚bleierner Anspannung‘ über Deutschland – gleichzeitig hat man äußerlich den Eindruck, als würde das Leben weiterhin seinen gewohnten Gang gehen. Das Wetter verwöhnt uns mit sommerlichen Temperaturen. Die Leute sitzen in den Bars und Eisdielen im T-Shirt. Gleichzeitig wird aber auch über sogenannte Notfall-Maßnahmen in den Medien spekuliert. Surreal!

Bilder in den Nachrichten - immer wieder Szenen aus asiatischen Städten mit Menschen, die auf den Straßen Masken tragen. Gleichzeitig hieß es heute von Seiten unseres Gesundheitsministers: *„Das Tragen von Masken im öffentlichen Raum ist definitiv nicht angebracht.“* Die Seele wird verwirrt, der Durchblick zerstört: Man zeigt uns maskentragende Asiaten und gleichzeitig heißt es, das sei Unsinn. Die Widersprüche führen zu Irritationen und Verunsicherung. In der Psychologie spricht man von double-bind. Folge – das ungute Gefühl bleibt.

Auf dem Wochenmarkt kommt mir ein älteres Ehepaar entgegen. Mit Masken – vermutlich selbst genäht oder geschenkt bekommen. Ich kann da nur den Kopf schütteln. Naja, zwei ängstliche ‚Verrückte‘. Später dann bei Rewe, noch zwei ‚Verrückte‘. Ich habe sie mit missbilligender Ausstrahlung und Mimik bestraft. Was soll so ein Quatsch?

19. Februar 2020: Champions-League, wann hat das der HSV letztmals gespielt? So ein Kleinstadt-Team aus Norditalien gewinnt gegen das große Valencia mit 4:1 – Bergamo, die sind so unbedeutend, dass ihr Stadion nicht mal den Ansprüchen für Champions-League-Spiele entspricht. Die spielen folglich in Mailand – und dann auch noch so ein Sieg. Wahrscheinlich bereits eine Runde weiter und Dortmund ist gerade ausgeschieden

8. März 2020: Der erste deutsche Corona-Tote wird vermeldet.

10. März 2020: In allen 16 Bundesländern werden inzwischen Infektionen festgestellt. Mist – jetzt kann man nicht mehr ausweichen! Bin ärgerlich, wieso machen die in Heinsberg noch Karneval? Erster Corona-Hotspot in Deutschland. Was soll denn das? Die Bundesregierung gibt eine weltweite Reisewarnung heraus. Leute aus Nicht-EU-Staaten dürfen nicht mehr zu uns und Außenminister Maas will Luftbrücken einrichten, um Deutsche aus dem Ausland zurück zu holen. Wie schlimm ist das denn nun wirklich?

„Ich habe mich gewundert, wie häufig in den letzten Jahren sogenannte Pandemie-Notfallübungen in New York mit hochrangingen Vertretern aus Wirtschaft und Politik durchgespielt wurden. Die letzte war Event 201 im September 2019"

Paul Schreyer

Die ‚neue Wairklichkeit' beim Einkaufen: Abstand halten und kaum noch Kunden – die Menschen hielten ‚Abstand'

2

Eine ‚Lawine' bricht sich ihre Bahn

„Wir werden in ein paar Monaten einander wahrscheinlich viel verzeihen müssen."
(Bundesgesundheitsminister Jens Spahn, 20·04·2020)

10.03.2020: Italien startet ein striktes Bewegungsverbot. Niemand darf Haus oder Wohnung verlassen – ja sind die denn verrückt geworden? Das Virus soll sich in trockener warmer frischer Luft laut einiger Virologen nicht verbreiten können. Bei 60 Grad würde es sowieso kollabieren. Und jetzt darf niemand mehr ins Freie gehen. Schikane oder gerechtfertigt? ... Auf den Straßen in Italien patrollieren sogar Polizisten und Militär um abzusichern, dass niemand unberechtigt das Haus verlässt. Ich finde das erschreckend. China lässt grüßen.

11.03.2020: Hier stimmt doch etwas nicht! Irgendetwas ist da faul! ‚Dauerfeuer' mit Corona-Themen - halbstündige Nachrichtensendungen zu 95 Prozent mit Covid-Themen. Die Menschen hören auf, sich die Hand zu geben, sich zu umarmen; sie bleiben zu Hause, vermeiden Kontakte. Heute im Wald; zwei ältere Frauen kamen mir entgegen, quetschten sich fast ins Gebüsch, um möglichst weit entfernt an mir vorbei zu kommen. Als würden sie gleich tot umfallen, wenn wir nicht genug Abstand hätten. Lustig. Armselig. Die scheinen total voller Angst zu sein. Gehirn ausgeschaltet. Neue Vokabeln bestimmen das Alltagsleben: Reproduktionszahl, R-Faktor, Inzidenz, Quarantäne, Intensivbettenauslastung, Übersterblichkeit, AHA-Regeln – „aha, so also soll das zukünftig laufen!" Es fühlt sich an, als würde hier für später etwas vorbereitet werden. Teilt man seine Zweifel mit, ist man sofort ein Verschwörungstheoretiker. Diffamierung, Verhöhnung, diskreditierende Schimpfworte: Faschist, Nazi und Antisemit.

Die Nacht vom 11. auf den 12. März 2020: Ich liege unendlich lange wach, bin aufgewühlt. Mir wird klar, dass mir in der letzten Zeit verschiedene Angstthemen vor Augen geführt wurden, die mein Leben inzwischen durchziehen. Die Angst vor einem Krieg, die Angst vor der Klima-Katastrophe. Und jetzt die Sorge, was die zunehmenden Corona-Maßnahmen für finanzielle und menschliche Schäden anrichten könnten. Angst vor Covid-19? Eigentlich nicht. Eher vor einem Zusammenbruch des Staates mit bürgerkriegsähnlichen Auswüchsen.
Was bleibt? Da es inzwischen kaum noch ein Entrinnen vor der Überflutung mit Informationen gibt, ist es wichtig, sich vor negativen Nachrichten zu schützen und gleichzeitig so intensiv und so lange es geht an der eigenen positiven Ausrichtung sowie der spirituellen Vollkommenheit zu arbeiten. Noch ist Zeit …

12.03.2020: Mehrere Schocks. Wegen Corona stürzt der Dax um 12 Prozent ab. Überall Grenzschließungen. In Italien ist das öffentliche Leben inzwischen tot. In Deutschland erwägt man Schulschließungen. Eigentlich war etwas ganz anderes angekündigt worden. Meine Schwester bereitet ihre Grundschüler vor. Ein Freund von mir aus Schorndorf hat erneut Krebs. Und zu allem Überfluss scheint eine Pleitewelle zu drohen. Wenn alle Läden zumachen müssen, was soll denn da noch für irgendwelchen Umsatz sorgen?

13.03.2020: Ich komme zu dem Entschluss: Wenn die Angst vor Krebs oder Zusammenbruch nur durch Liebe geheilt werden kann und das Herz das einzige Organ ist, in dem sich keine Krebszellen entwickeln können, dann nehme ich mir jetzt meinen Raum und öffne mein Herz. Mehr bleibt ja anscheinend auch nicht.

Ich bin erschrocken – es gibt kein Toilettenpapier mehr. Doch! Bei Edeka greife ich mir eine Achter-Packung – aber nur eine, will nicht als Hamsterer verschrien werden, bin zu bekannt; hätte auch mehr nehmen können. Zum Glück habe ich aber immer einen gewissen Vorrat von allem Möglichen im Haus. Vielleicht nicht mal für mich, eher für die Kinder, die vermutlich jeweils nur von der Hand in den Mund leben. Nudeln, Reis, Konserven. Filtertüten für den Kaffee nicht zu vergessen!

Kriegs-Kind – irgendwie ist da immer eine gewisse unterschwellige Angst vor Notständen in mir. Ein paar Sachen habe ich immer parat. Und Wasser? Dafür hätte ich meinen kleinen Wasserfilter, der Teich würde uns lange versorgen können.

14.03.2020 (Samstagnachmittag): Corona rückt heran. Ich

mache mir wieder mehr Sorgen! Aber es ist nicht zu glauben: Cafés, Bars, Einkaufszentren und der Wochenmarkt sind bevölkert als wäre nichts gewesen. Ich drehe eine Runde durch die Stadt auf dem Fahrrad. Will beobachten. Will sehen, wie andere mit der heraufziehenden Gefahr umgehen. Besichtigungs-Tour. Etliche Heranwachsende hängen zusammen herum. Besonders viele Ausländer. Ist Unbekümmertheit schlau oder dumm?

Nach einem Besuch im Stadtgarten-Cafe bei meinem Freund und einer erregten Diskussion um Sinn und Unsinn der geplanten Schutzmaßnahmen spüre ich meine unnormal warmen Ohren. Ich werde doch wohl nicht krank sein! Das wäre jetzt etwas, was ich am wenigsten gebrauchen könnte. Mit der Angst, womöglich krank zu sein, geht es ins Bett.

15.03.2020 (Sonntagmorgen): Innerhalb eines Wimpernschlages ist nichts mehr so, wie es mal war. Erleben wir gerade das Ende einer Zeit, die nicht mehr zurückkommt?

16.03.2020 (Montagvormittag): Ich mache mir Sorgen, ob unser Notar-Termin für den Verkauf des geerbten Hauses überhaupt stattfinden wird. Ich kenne ihn noch von der Schule. Habe Bernd seit 40 Jahren nicht gesehen. Wir ziehen den Termin vor. Er meint, besser so, als wenn man ihm womöglich als Nächstes die Kanzlei schließt. Man muss wohl mit allem rechnen. Auch, dass die Banken womöglich keine Kredite mehr rausrücken.

Endlich mal ein Lichtblick, der Termin ist auf den 21ten fixiert. Die Angst wird weniger, nur fünf Tage. Was hätte in den nächsten drei Wochen vielleicht noch so alles passieren können? Keiner hat Ahnung was kommt. Von vier Angestellten sind drei nicht bei der Arbeit, meint Bernd. Vieles sei liegengeblieben. Er muss vor allem die Notariatssachen fast allein machen – erinnere ihn an ganz früher …

16.03.2020 (Nachmittag): Sie haben es tatsächlich gemacht! Die Schulen sind zu ab heute – und das zwei Wochen vor Beginn der Osterferien! Wer soll das verstehen? Dann gehen die Kinder ja vier Wochen nicht zur Schule – war nicht nur von zwei Wochen alles zumachen gesprochen worden? Die Zeitung befragt mich als Fachmann, was man zur Angstreduktion machen kann. Augenscheinlich geht es den Redakteuren auch nicht gut. Na ja, viel fällt mir dazu nicht ein. Ich will den Artikel aber gegenlesen, bevor er rausgeht. Schön, wenn man helfen kann.
Was gilt eigentlich jetzt bei uns? Die sprechen von Shutdown, von Lockdown. Soll jetzt so was kommen wie in China? Das gibt's ja wohl nicht! Wir haben eine Inzidenz von 7,7 – 402 Leute sollen verstorben sein, wirklich an Corona? Im ganzen Jahr bisher?

17.03.2020: Langsam werden die Beschränkungen wegen Corona verschärft. Aber viele (und augenscheinlich besonders die Zugewanderten) sind dennoch erschreckend sorglos. Man sieht sie oft zu Fünft herumstehen, Handshake, Küsse rechts links rechts. Bekommen die nichts mit? Sollte man sie warnen? Aber in welcher Sprache?

18.03.2020 (Mittwoch): Alles steht auf der Kippe: Mein neues Buch über die Geschichte meiner Schule, wer soll es kaufen? Wie steht es um die Zukunft des Verlags? Firmen ziehen ihre Werbeaufträge zurück. Gleichzeitig betont Olaf Scholz, es sei genug Geld da. Galt nicht bis vor kurzem die ‚Schwarze Null'? Ein Finanzminister der das Geld eher ausgeben statt zusammenhalten möchte … Zum Glück habe ich bereits seit Anfang März viermal groß eingekauft. Man kann ja nie wissen. Nicht nur, dass es vor einigen Jahren eine deutschlandweite Werbekampagne gegeben hatte, man solle vorsorgen und Nahrung und Wasser für mindestens etwa zehn Tage zu Hause haben – nein, einige Regale sehen auch schon ungewohnt leer aus. Und ehrlich gesagt, wer soll noch Nahrung produzieren, wenn entweder alles runtergefahren wird oder wenn größere Mengen von Menschen krank werden und der Nahrungsmittelkreislauf von der Produktion über den Transport bis in die Geschäfte, sowie der Verkauf nicht mehr funktioniert? Und Leute, die sich gestern noch lustig gemacht haben über andere, die Vorräte an Toiletten-Papier kauften, sind heute schon auf der Suche, weil nichts mehr da ist. Überhaupt – Toilettenpapier! In Kanada, Mexiko, Chile und Belgien wird in den Nachrichten auch von leeren Regalen berichtet. Also keine Macke von uns Deutschen. Wieso bloß Toiletten-Papier?

18.03.2020 (abends): Die Bundeskanzlerin hatte mal wieder was zu sagen; Fernsehansprache an das Volk. Komisch – an das Volk. Plötzlich sind wir wieder ein Volk, früher hieß es nur noch bei ihr, die hier lebende Bevölkerung; Volk, das sind wir ja inzwischen längst nicht mehr. Was ist eigentlich ein Volk? Dramatische Worte, extra mal mitgeschrieben: *„Es ist ernst. Nehmen Sie es auch ernst. Seit der Deutschen Einheit, nein, seit dem Zweiten Weltkrieg gab es keine Herausforderung an unser Land mehr, bei der es so sehr auf unser gemeinsames solidarisches Handeln ankommt."* (Das sollten sich mal unsere Konzernlenker und Oligarchen – sorry, Superreichen und Manager – zu Gemüte führen!)

19.03.2020 (Donnerstag): Es kommt die Nachricht, es seien schon zirka 8.000 Menschen an Corona gestorben – wo, weltweit? Und wirklich an Corona? Immer diese Zahlen!
Knapp hundert Euro bleiben in der Apotheke für Ersatz-Handschuhe, Desinfektionsmittel, Selen, Zink und noch einige Sachen für die Stärkung des Immunsystems. Die Hände müssten desinfiziert werden. Überall diese Hinweise. Und gleichzeitig findet man nirgends mehr vernünftige Sprays zur Hand-Desinfektion. Neulich hatte ich mir sogar zwei Flaschen 4711-Kölnisch Wasser gekauft. Es hieß, das würde genauso wirken zur Desinfektion.
Durch die Presse geistert ein Foto mit einem Militär-Konvoi, aufgenommen nachts in Bergamo. Bedrückend – darin sollen Leichen von Corona-Toten wegtransportiert worden sein. Man denkt unwillkürlich, ob man vielleicht eines Tages auch so enden würde. Aber Italien – superschlechte Krankenhäuser, viele Alte und die Gegend ist voller Industrie-Feinstaub. Wir hier haben zum Glück gute Luft im Norden.

20.03.2020: Beim Notar war es sehr aufregend. Bis zuletzt Schiss gehabt, ob wohl alle Beteiligten wirklich kommen dürfen, kommen können? Nun ist das geerbte Haus verkauft. Da kann ja wohl finanziell für uns nichts mehr schiefgehen. Aber der Käufer arbeitet bei Airbus. Kommt da nicht gerade die gesamte Produktion zum Erliegen? Kaum noch jemand hat Lust auf Flüge. Außerdem werden die Flüge zunehmend eingestellt und es ist wohl nur eine Frage der Zeit, wann der Luftverkehr komplett zusammen bricht. Dann kauft auch keiner mehr neue Flugzeuge. Wird Hannes dann womöglich entlassen? Aber er arbeitet ja im Controlling von Airbus, wenn dort gekündigt wird, dann wäre wohl der Staat am Ende und alles kaputt.

Das Virus, das Virus. Es soll nicht mehr um die Welt herum transportiert werden. Zum Glück war unsere Tochter Ende Februar aus Südamerika zurückgekehrt. Von anderen hört man, sie würden in Peru festsitzen, dürften nicht mehr ihr Quartier verlassen, also könnten sie auch noch nicht mal mehr zum Flughafen. Sitzen gezwungenermaßen fest und müssen ihr Zimmer weiterhin bezahlen. Selbst, wenn die Bundesregierung extra Flieger einsetzt, um Deutsche nach Hause zu holen. Man kommt nicht hin. Wer den Schaden hat, braucht für den Spott nicht zu sorgen.

21.03.2020 (Samstagmorgen): „Die, die wir die Corona-Krise blendend überstehen." Manchmal formen sich in mir im Halbschlaf derartige Sätze. Die Zahl von 20.000 Infizierten geht durch die Presse. Zeig' mir einen, der noch keine Angst hat! 50 Tote bei uns an einem Tag. Ist das viel oder wenig? In Italien sollen dagegen sogar 650 Menschen gestern gestorben sein. Pro Tag sterben statistisch in Deutschland zirka 800 Menschen an Krebs. Darüber hört man nichts. Insgesamt pro Tag im Schnitt sogar knapp 3.000. Ich stelle die Frage in den Raum: Wieso hat man in früheren Zeiten nicht die Erkrankten und Toten in den Medien derart inszeniert wie heute? Will man uns etwa vom Nato-Manöver ‚Defender' an der russischen Grenze ablenken oder wird nur eine gigantische Finanzspritze für Pharma-Firmen vorbereitet? Fragen über Fragen, wer kann sie beantworten? Was steckt hinter dem Ganzen? Ganz normal ist das jedenfalls nicht.

21.03.2020 (Samstagabend): In den Nachrichten: Ein neuer Höchststand in Italien, diesmal 800 Tote an einem Tag. Man kuckt laufenden Meter Nachrichten, hofft auf positive Infos. Sie bleiben aus. Wenn da nicht China wäre, seit drei Tagen keine neuen Erkrankungsfälle. Das macht doch Hoffnung. Aber um welchen Preis haben die die Erkrankungen gestoppt?

Immer wieder in allen Medien: Erschreckende Berichte und Bilder aus Italien, die prägen sich tief ins Unterbewusstsein der Menschen ein. Patienten von mir sprechen so, als würden sie in Italien real dabei sein – sie haben zu viel Nachrichten gesehen - süchtig, Nachrichten-Junkies.

Interessant und irremachend – man setzt Bergamo quasi mit Italien gleich. Immer und immer wieder die gleiche unterschwellige Drohung: *„Wollt ihr, dass wir auch italienische Verhältnisse bekommen?"* Ich habe mal geschaut, wie es wirklich in Italien aussieht – man will ja schließlich wissen, wie es dem Rest der Familie dort unten ergeht: Außer in der Lombardei sind die Zahlen mit unseren hier vergleichbar. Also: Was heißt hier, ob wir italienische Verhältnisse haben wollen, wir haben sie doch im Prinzip. Die 7-Tage-Inzidenz liegt heute in Italien bei 48. Ich habe eine neue Seite im Netz gefunden: Corona-in-Zahlen: Deutschland: 23; GB 8; China 0; Österreich 20: Chile 2 – zum Glück ist Guendy wieder von dort zurück!

22.03.2020 (Sonntag): Meditieren am Morgen löst Kummer und Sorgen. Plus Bewegung und Yoga. Ich glaube, ich bin schon lange nicht mehr so viel in Bewegung gehabt und bin Spazieren gewesen, wie in der letzten Zeit. Es war schon gar nicht mehr anders zu erwarten gewesen: Ab heute gilt also

für Deutschland ein Lockdown, man kapiert, wofür Hamster-
käufe gut sind. Mancherorts gab es gestern noch regelrechte
Streitereien in den Einkaufsmärkten um Toilettenpapier; übrigens nicht nur in Deutschland, sondern auch in Frankreich,
Slowakei und Kanada, um einige Beispiele zu nennen.

Aber wie verrückt ist denn das? Auf vier Meter breiten Wanderwegen drücken sich manche Leute, wenn sie einem entgegen kommen, in die Büsche, wenn man selbst in der Mitte
des Weges geht. Man bekommt das Gefühl, man würde etwas ganz Schlimmes tun wenn man nicht ausweicht. Wahrscheinlich leben die Leute in der Angst, gleich morgen zu
sterben, wenn sie mir heute zu nahe kommen würden.
Ich finde, ich habe meine Angst recht gut unter Kontrolle.
Habe heute einen Leitfaden für die Patienten geschrieben,
wie sie sich vor Angst schützen können, indem sie bestimmte Vorsorge treffen; zum Beispiel durch vermehrte Einnah-
me von Vitamin D und der Fokussierung auf ein lebendiges
und intaktes Immunsystem. Hinzu kommt die Stärkung der
Flimmerhärchen in den Atmungsorganen durch Aufenthalt
im Freien wenn es regnet – besonders im Wald. Es sind die
Elektro-Aerosole laut dem Buch von Clemens Arvay, die die
Flimmerhärchen fit halten.
In Niedersachsen kommen zum Teil auf 100.000 Menschen
sechzehn Infizierte. Gestern waren es nur dreizehn. Aber
überhaupt: Wie verrückt ist das eigentlich, angesichts von
sechzehn Menschen bezogen auf 100.000 Bewohner, die innerhalb einer Woche einen positiven PCR-Test hatten, derart
verrückt zu spielen? Das sind etwas mehr als zwei pro Tag
– wie gesagt, bezogen auf 100.000. Und dann ist ja noch
nicht einmal belegt, dass der Test korrekt anzeigt und misst.

Und es könnte ja sogar sein, dass diejenigen, die am ersten von sieben Tagen positiv waren, am siebten Tag des Berechnungszeitraumes schon wieder negativ sind.

23.03.2020 (Montag, 6:30): Die Zeit kriecht nur träge vor sich hin. Eine Woche ist es her, seit Schulen und Kindergärten geschlossen wurden. Eine Woche? Es erinnert an eine gefühlte Ewigkeit. Wer von meinen Patienten wird wohl heute erscheinen – wer absagen? Bisher sind alle noch gekommen. Aber bei der Angst, die hier verbreitet wird …
Mein Atem ist anstrengend. Zumindest wache ich heute ohne das Angstgefühl anderer Tage auf. Jetzt erlebe ich am eigenen Körper, was es heißt, Angst vor der Angst zu haben.

24.03.2020: Die Zeit bewegt sich vorwärts wie eine fußlahme Schildkröte. Mit einer halben Schlaftablette recht gut durchgeschlafen. Aber! Mich kratzt irgendwas im Hals. Sollte ich trotz Vitamin C, ASS+C, Selen und Zink doch krank werden? Angst – ein kleiner Selbstvorwurf. War ich zu unvorsichtig? Nein – ich entscheide mich dafür, gesund zu bleiben.
Mir kommt es vor, als würden wir auf eine totale Wirtschaftskatastrophe zusteuern, womöglich mit einem Zusammenbruch des Finanzsystems. *„Geld kann man nicht essen!"*
Und wem kann man eigentlich wirklich noch trauen? Ich erzähle Anja was ich von Wolfgang Wodarg in einem Video auf YouTube gehört habe. Ziemlich erschütternd, wenn man das mit dem vergleicht, was uns bisher immer von Fachleuten im Fernsehen erzählt oder vorgeschlagen wurde. Anja ist entrüstet, aufgebracht. Wodarg, der sei doch längst von Mimikama und vom Volksverpetzer entlarvt worden. Der erzählt doch nur Unsinn, ein ganz gefährlicher Mann.

Ich glaube, mit Anja, das hat sich vorerst erledigt. So erbost kenne ich sie nicht. Bin irritiert; erlebe Wolfgang Wodarg eher als hoch integeren und fachlich versierten Mann. Dem traue ich mehr als den ganzen Geschichtenerzählern im Fernsehen.

25.03.2020: Heute krabbelt am Morgen wieder ein wenig die Angst in mich rein. Mit 20 Minuten Mental-Übungen wird's etwas besser – aber in meinem Brustkorb bleibt Anspannung. So vieles hat sich innerhalb von Tagen komplett verändert. Man kommt kaum hinterher. Wie lange wird das Ganze noch so weitergehen?
Wenn sich das Virus durch wärmere Temperaturen reduziert, dann haben wir im Moment die falschen Temperaturen. Nachts minus vier, am Tag zwar Sonne, aber nur fünf Grad. Und dazu kalter Wind. Klar, dass dadurch die Erkältungswellen hochgehen werden. Kann das sein, dass die ‚Hinterleute' dieser ganzen Corona-Epidemie sogar das Wetter für ihre Ziele manipulieren können?

26.03.2020: Bin noch nie innerhalb der Woche so viel spazieren gegangen, kenne meine Runde in- und auswendig. Aber: Vom vielen Wandern hatte ich eine Entzündung am Hacken. Bedrohlich, wenn man jetzt sogar nicht mal mehr im Wald wandern kann - wegen der Schmerzen. Zum Orthopäden, der hat keine Berührungsängste. Durch Cortison etwas besser. Auch die Stimmung.
Was die Ansteckungsgeschwindigkeit angeht, so hat sich diese in Italien und in Deutschland merklich verlangsamt. Und dennoch versuchen die Politiker, uns auf Horrorszenarien vorzubereiten. Welcher Sinn steckt dahinter? Drosten,

Lauterbach, Wieler. Wer ist das? Eine Million Tote könnten uns in Deutschland bevorstehen! Schock, da könnte ja auch ich dazugehören.

27.03.2020 (Freitagmorgen): *„Bleierne Zeit 3.0"* – die Zeit quält sich nur langsam voran. Warum geht alles nicht schneller? Warum legt man alles lahm, wo es doch im Grunde nur darauf ankommt, dass sich Ältere und besonders Gefährdete nicht anstecken? Nun gibt es allerdings bei uns inzwischen hiervon sehr sehr viele. Zu viele sogenannte ‚Vulnerable' und zu wenig Junge und Gesunde.
Kampf der Meinungsmacher: Ein Teil kämpft für Lockerungen, ein Teil erklärt alles, was gerade entschieden wurde, für noch zu locker. Immer wieder diese Alarmstimmung mit Blick auf die Zukunft: *„Es wird bestimmt noch viel schlimmer!"* Aber wieso holen wir dann per Militärhubschrauber einige Kranke aus Italien nach Deutschland? Ich dachte, wir hätten hier mit den Krankenbetten so unsere Probleme. Und warum wird das derart medienwirksam überall in den Nachrichten gezeigt? Gibt es keine wichtigeren Themen mehr? Zum Beispiel das Waldsterben, Rüstung oder das globale Klima?
‚Lockerungen' – ist das nicht ein Begriff aus dem Gefängnis-Bereich? Aber na klar, wir sind ja wie Gefangene. Nun darf man nicht einmal mehr in den Harz zum Wandern oder Ski-Fahren. Alles ist zwangsweise runtergefahren.

28.03.2020 (Samstag): Das Warten und stille Hoffen auf eine Trendwende geht weiter. Aber irgendwas stimmt doch nicht an den Denkvorgaben, die Virologen und Politiker gebetsmühlenartig in den Medien von sich geben. Gesetzt den Fall, durch die soziale Distanz verringern sich die Ansteckungen,

wobei die Zahl jetzt seit dem 27. Januar auf zirka 50.000 angestiegen ist, wie lange soll das denn dauern bis sich hier bei uns 60 Millionen infiziert haben, bevor es also so etwas wie eine Herdenimmunität gibt? Bei diesem Tempo käme man mathematisch auf 300.000 Infizierte pro Jahr. In zehn Jahren auf 3 Millionen. Um auf 60 Millionen zu kommen würde es bei diesem Infektionstempo etwa 200 Jahre dauern, bis man die genannte Zahl für die gewünschte Herden-Immunität würde erreichen können. Oder steckt etwas anderes dahinter? Vielleicht die Enge auf der Erde durch die Überbevölkerung?
Alle reden von Ansteckung. Praktizieren wir doch lieber Gesundheit, stärken das Immunsystem und stecken andere an. Und zwar mit positiver Energie und heilsamen Bildern!

29.03.2020 (Sonntagfrüh): Das Philosophieren setzt wieder ein. Ich frage mich heute während ich morgens noch lange im Bett liege – Sonntag – nebenbei im Halbschlaf: Wer bin ich? Und wo bin ich? Beziehungsweise werde ich sein, wenn's mich nicht mehr in diesem Körper geben wird? Was lasse ich zurück? Sollte ich mich darauf freuen, meinen Körper zurückzulassen? Warum haben viele Menschen bei uns so große Ängste vor dem Tod? Ist nicht Leben im Grunde genommen ein ständiges Hinter-sich-lassen? Sterben ist doch kein Beinbruch, zumindest nicht für die Versterbenden.
Warum sollen die vielen alten Christenmenschen eigentlich Angst vor dem Tod haben? Komisch. Wir hatten doch Jesus …
Zahlen über Zahlen – und jeder interpretiert sie unterschiedlich. Gestern sollen sich nur 3.500 neue Infektionen ergeben haben in Deutschland. Zuvor waren es 5.000 und 6.000. Hoffnung? Wenn ja, aber worauf? Ziel kann es doch eigent-

lich nur sein, endlich wegzukommen vom finanzdominierten Denken der Ökonomie, wieder zu mehr Gemeinschaftssinn und sozialem Verständnis. Es kann mir nur gut gehen, wenn es dem anderen auch gut geht. Was soll der dumme Lockdown – alle einsperren, dann würden wir gesund werden, bleiben. Das ist doch krank! Übrigens: hunderte von Hubschraubern gestern am Nachthimmel. Oder was war das? Wie an der Perlenkette aufgezogen. Greift Russland an? Es sollen an die 500 Satelliten gewesen sein, die Tesla im Weltraum platzieren will, wozu denn das bloß? Mann, hat der Geld! Erfolgsmenschen, begründen sie ihre Erfolge nicht nur auf der Ausbeutung von Natur und arbeitender Bevölkerung?

29. 03.2020 (abends): So kann man sich die Stimmung regelrecht verderben lassen. Der österreichische Bundeskanzler Kurz meint: *„Bald wird jeder von uns jemanden kennen, der an Corona gestorben ist."* Schluck! Wer kann bei einem derartig bedrohlichen Szenario nicht betroffen sein? Jeder fragt sich unwillkürlich, ob man selbst womöglich auch dazu gehören würde. Dabei hatte ich gerade begonnen, etwas entspannter zu werden. Die Inzidenz in Österreich liegt bei 60. Ich habe schon einige Male den Patienten erklärt, wie verrückt die gesamte Corona-Handhabung ist. 60 positive Tests innerhalb von sieben Tagen und das bezogen auf hunderttausend. Das wäre so, als würde man eine Badewanne voll mit Erbsen füllen und dann zehn weiße Bohnen untermischen.

30.03.2020 (Montagabend, 22 Uhr): Die Zahlen der Erkrankten in Deutschland und Italien gehen erkennbar zurück. Und trotzdem bedienen sich die Machthaber weiterhin des

Vokabulars: *„Wir bereiten uns auf noch schlimmere Zustände vor …"*
Haben die etwa Angst, dass man ihnen Geld, Aufmerksamkeit und Kompetenz entzieht? Und wissen die denn nicht, dass wir mit unseren Gedanken, mit unseren Erwartungshaltungen die Zukunft mitgestalten? Dass das meiste genauso eintreffen wird, wie wir uns das vorgestellt hatten. Sollte ich denen mal eine kleine Einführung geben in die Psychologie der Zukunftsbilder? Oder sind negative Visionen eher sogar gewünscht?

31.03.2020: So ein wenig scheinen Angst und Anspannung am Morgen von mir abzufallen. Ich nehme mir vor, weiterhin meinen Brustkorb, da also, wo die Ängste sitzen, zu entspannen und mein Herz zu öffnen.

1.04.2020: Gefühlt kühlt sich die krisenhafte Situation ab. Gleichzeitig verschärft die Politik die Maßnahmen. Das soll mal einer verstehen! Die Ausgangsbeschränkungen sollen bleiben, mindestens bis zum 20. April. Die Panikmache über die Medien zeigt ihre Wirkung. Beim Waldspaziergang gehen mir immer mehr Leute aus dem Weg. Wo soll das enden? Bleibt man jetzt am besten nur noch zu Hause? Und wenn man den Leuten nicht deutlich erkennbar ausweicht, dann können manche auch schon mal lautstark ärgerlich werden. Die Leute beginnen, sich gegenseitig zu reglementieren, argwöhnisch zu beäugen, zu kontrollieren! Fehlt nur noch das Denunzieren anderer wie früher in der DDR.

2.04.2020: Es kann nur so sein, dass meine Verspannungen im Brustkorb mit dem Aspekt „Gefahr" zu erklären ist.

Professor Streeck findet heraus, dass es so gut wie keine Infizierungen durch das Berühren von Türklinken gibt. Wozu habe ich mir jetzt eigentlich das ganze Desinfektions-Zeugs angeschafft? Na, aber besser so als anders rum. Geht dem Virus etwa die Puste aus?

Immer wieder Wissenschaftler, die in Interviews im Fernsehen davon sprechen, man müsse die ‚Kurve abflachen‘ – neudeutsch: *„flatten the curve“*. Komisch, es sind fast immer dieselben Personen, die interviewt werden. Und alle vertreten mehr oder weniger die gleichen Meinungen. Dabei gibt es im Netz Unmengen an Wissenschaftlern weltweit, die sich kritisch zu den Maßnahmen äußerten. Aber in den Leitmedien sucht man diese allerdings vergebens. Null-Covid wird zum geflügelten Wort. Die Chinesen hatten damit anscheinend Erfolg, liegen bei null Infektionen. Aber für welchen Preis!

Kann man das chinesische Modell überhaupt auf uns übertragen? Alles für Wochen zumachen, damit wir die Infektionszahlen auf null bekommen? Es wurde anfangs bloß von zwei Wochen gesprochen. Das mit dem Ausrotten des Virus ist eine schöne Idee – wenn sie denn funktionieren würde … Nun sind aber schon fast zwei Wochen rum …. Und die Inzidenz, sie lag zu Beginn des Lockdowns bei 25, jetzt haben wir 44 erreicht. Warum nicht machen wie die Schweden und einige andere Länder? Die setzen vor allem auf Eigenverantwortlichkeit. Jeder soll darauf achten, sich so gut es geht auf Abstand zu anderen halten. Finde ich viel sinnvoller. Eigenverantwortung und Selbständigkeit – immer implizite Ziele in meinen Psychotherapien.

3.04.2020: Die Spätnachrichten am Freitag berichten, dass die vorschnell in Deutschland überall bereitgestellten Corona-Betten in den Krankenhäusern derart leer seien, dass man jetzt weitere Patienten aus anderen Ländern einfliegt. So ein Aufwand – einen Tag nach seiner Ankunft in Deutschland stirbt einer der überführten Italiener. Gleichzeitig hört man, dass das Leben in Schweden seinen ganz unbeschwerten Gang gehen würde.

„Öffnungsdiskussions-Orgie" – was hat die Merkel denn genommen? Wer will denn hier eine Orgie feiern? Es hieß anfangs, zwei Wochen alles zumachen und dann ist gut. Dann ist der Spuk vorbei. Jetzt redet keiner mehr von Öffnungen. Höchstens so einer wie Bodo Schiffmann oder wie Coach Cecil. Ich liebe das Internet …

5.04.2020 (Sonntag): Gestern hieß es, in irgendeinem Land auf der Welt sei die Zahl der Infizierten zurückgegangen. Leichte Hoffnung erst einmal auf Entspannung. Aber wo das war, keine Ahnung. Man hört einfach zu viel.
Große Wärme steht uns bevor. Es sollen 22 Grad werden. In Deutschland ist die Zeitspanne, in der sich die Zahl der Infizierten verdoppelt, auf zehn Tage gestiegen. Immer so komische Berechnungen, man kommt durcheinander. War es nicht so, dass die Bundeskanzlerin noch vor wenigen Tagen gemeint hatte, unser Ziel seien zehn Tage und wir könnten dann aufatmen? Bis vor Kurzem hatte sich die Zahl der Infizierten alle zwei bis drei Tage verdoppelt. Aber von Beruhigung ist jetzt keine Rede mehr, jetzt müssen wir uns weiterhin ‚regelkonform' verhalten, damit die Zeit bis zu einer Verdopplung der Zahlen auf 14 Tage ansteigen würde. *„Halten Sie sich bitte an die Regeln!"* Mal sehen, was sie sagen werden, wenn wir die 14 Tage erreicht haben, bis sich die

Zahl der Infizierten verdoppelt hat? Wahrscheinlich wird es dann heißen, wir müssen erst mal weiterhin abwarten, achtsam bleiben und uns weiterhin anstrengen. *„Anstrengen" – was für ein komisches Wort für die Lage. Sollten wir nicht lieber sagen: „Wir müssen die verordneten Maßnahmen, die man zu unserem eigenen Schutz eingeführt hat, sowie die Panikmache aushalten."*

Und überhaupt – die Erkrankten sind doch meistens keine kranken Menschen, die Zahl zeigt doch nur wegen der Zahl positiver PCR-Tests, inklusive aller Fragwürdigkeiten. Wahrscheinlich sind 99 Prozent der positiv Getesteten gesund. Aber für diese hat man einen neuen Begriff erfunden: asymptomatisch erkrankt. Wie krank ist so etwas? Sie sind gesund, haben keine Symptome, werden aber als krank gezählt, weil ihr Test positiv war. Sie sind krank, nur eben nicht mit Symptomen.

6.04.2020 (Montag): Wir gehen in die vierte Woche der Schulschließungen – nun gut, offiziell haben wir zurzeit Osterferien. Zusätzlich bricht die dritte Woche der verschärften Ausgangsbeschränkungen in Deutschland an. In Altersheimen ist der größte Teil der 1.500 Toten, die bisher an Corona gestorben sein sollen, anzusiedeln. So gut wie jeder uralt – und wenn wirklich mal ein Jüngerer stirbt, dann wird sofort hervorgehoben, dass der hier Verstorbene nur 31 Jahre alt gewesen sei. Dass dieser extrem übergewichtig gewesen sei, bleibt Randnotiz. Wir sollen lernen, auch die Jungen sind gefährdet. Dass der junge Verstorbene zusätzlich eine schwere chronische Erkrankung gehabt hatte, das erfährt man höchstens bei seiner Recherche aus dem Netz.

Überhaupt, man wird mich wohl einen Corona-Leugner nennen - ich zweifele einiges an und versuche hinter die Kulissen zu kucken. Ob das alles so stimmt, was die Medien verbreiten, schwer von außen einzuschätzen. Bestimmte Gewinner stehen jedenfalls bereits fest: Die Internet-Giganten mit ihrer Digitalisierung. Nur, was ist ein Corona-Leugner? Ich leugne ja nicht, dass es da ein bestimmtes Virus gibt. Ich habe schwere Bedenken, dass die Maßnahmen, die man hier ergreift, wirklich sinnvoll sind.

Ich erinnere mich an den Hamburger Klaus Püschel, den Chef-Pathologen im UKE, der in einer Presse-Konferenz berichtet hat, er habe umgehend mit der pathologischen Untersuchung von Leichen begonnen, die als Corona-Tote eingestuft wurden. Sein Ergebnis: Bei keinem der Vielzahl der ersten Verstorbenen konnte Covid-19 als ursächliche Todesursache verzeichnet werden. Vielmehr habe es sich um sehr alte Menschen oder Menschen mit einer sehr schweren Vorerkrankung gehandelt.

„Das ist kein Killervirus, wir sind nicht im Krieg. Wir müssen keine Angst haben und sollten auch nicht verzagen." Ich habe mir die Presse-Konferenz vom UKE mit Püschel sogar zweimal angeschaut. Total interessant, wie die Fachleute vorgehen und wie sie ihre Ergebnisse begründen. Ich hätte mir nie vorstellen können, mir eines Tages mal im Internet derartige Presse-Konferenzen zu Gemüte zu führen.

Kann das sein, dass gar keiner an Covid-19 gestorben ist? Aber dennoch in den Statistiken erscheint, weil bei ihm auch Corona-Viren nachgewiesen wurden? Das wäre ja wohl die Spitze der Korruption!

Aber wo ich schon dabei bin, habe ich gleich weiter gemacht. Ich stieß auf den Vortrag von Dr. Jörg Spitz. Er hält Vorträge zur Bedeutung von Vitamin D. Was er aufdeckt ist besonders interessant. Vitamin D ist wohl eines der wichtigsten Dinge, um einer Krankheit vorzubeugen. Corona, aber auch viele andere Zivilisations-Krankheiten könnten entweder ganz verhindert, oder zumindest der Verlauf deutlich abgeschwächt werden. Ich habe mir sofort D2+K3-Öl gekauft. Bin dankbar dafür, dass es so wunderbare Menschen gibt, die auch mal Dinge sagen, die wir anscheinend nicht in den Nachrichten hören sollen.

Und besonders infam: Es wird vor Vitamin D gewarnt, weil man Schäden bei zu hoher Dosierung erleiden könnte!

7. 04. 2020: Eigentlich hätte der Lockdown doch nur zwei oder vielleicht drei Wochen dauern sollen. So hatte es anfänglich geheißen. Die Zeit kriecht weiterhin gefühlt so langsam dahin wie eine Schnecke. Mir tun die Leute leid, die kein eigenes Grundstück besitzen. Wie halten die das in ihren engen Räumen bloß aus? Insbesondere in den Großstädten, vierte Etage, Penthouse-Wohnung ohne Garten in Berlin zum Beispiel. Die müssen vermutlich schon längst an ihre psychische Belastungsgrenze gekommen sein. Ich fühle leichte Verzweiflung. Die Hoffnungen auf ein baldiges Ende der Maßnahmen lösen sich in Wohlgefallen auf. Das kollektive Angstempfinden in der Bevölkerung nimmt wieder zu – Interviews von Christian Drosten, Karl Lauterbach, Lothar Wieler oder Jens Spahn in Nachrichten und Talkshows, dazu die Modelliererin Viola Priesemann, die Null-Covid-Verfechterin Melanie Brinkmann, der Immunologe Michael Meyer-Hermann und die (sehr eigenartige) Psychologin Cornelia Betsch - immer sind die Aussagen unterlegt von einer warnenden, drohenden, negativen Schwingung. Aber warum nur? Die Zahlen gehen doch deutlich nach unten.

Man hat das Gefühl, je braver wir uns an die Maßnahmen

halten und die Corona-Gefahr reduzieren, umso geballter kommen die Drohungen unserer Meinungsmacher. Immer mit der gleichen Machart: *„Es ist zu erwarten, dass …"* – *„Fachleute gehen davon aus, …"* – *„Wissenschaftler warnen davor, dass …"* – *„Wir müssen jetzt noch wachsamer sein, weil …"* – *„Es könnte sein, dass …"*

„Wenn wir jetzt nicht aufpassen, dann wird alles noch schlimmer." Es wird immer alles auf das Virus geschoben, aber das Problem ist nicht das Virus, es sind die Maßnahmen. Mensch Leute, schaut doch mal nach Schweden. Die setzen vor allem auf das Selbstverantwortungsgefühl der Bevölkerung und es läuft gut.

Jetzt heißt es, der Lockdown habe zwar zu einer Beruhigung der Zahlen geführt, solle aber womöglich etwas länger dauern, da die Ansteckungsquote noch nicht genügend abgesunken sei. Also bringt man schon einmal vorsorglich den 20. April für ein Auslaufen des Lockdowns und für mögliche Lockerungen ins Gespräch. Der Kessel beginnt zu brodeln, zumindest im deutschsprachigen Raum. Befürworter und Kritiker der Maßnahmen tauschen zusehends unversöhnlich ihre Argumente aus.

Kanzleramtsminister Helge Braun: *„Wir reden jetzt bis zum 20. April nicht über irgendwelche Erleichterungen. Bis dahin bleiben alle Maßnahmen bestehen."* Er beerdigt damit eigene Überlegungen, die er in den vorausgegangenen Tagen angesichts der wachsenden Sorgen, vor allem in der Wirtschaft, öffentlich lanciert hatte. Die Bundeskanzlerin selbst meldet sich auch mal wieder mit einer Audio-Botschaft aus ihrer Quarantäne zu Wort: *„Ich muss Sie bitten, seien Sie geduldig."* Noch gebe es keinen Grund, die Regeln zu lockern. Sie war positiv getestet worden, führte allerdings ihre politischen Geschäfte weiter fort - wenn auch weitestgehend kontaktlos.

Kann man an den milden Verläufen der Infektionen bei Johnson, Merkel, Bolsonaro, Macron und Trump ableiten, dass die Sache doch nicht so schlimm ist, wie man uns das darstellt? Zumindest nicht, wenn man richtig und professionell behandelt wird?

8.04.2020 (Mittwoch spät abends): Es macht einen sprachlos. Die Verdoppelungszeit der Infizierten liegt schon bei über 14 Tagen. Dennoch wird Panik verbreitet und die Maßnahmen noch drastischer gestaltet. 95 Prozent der Beatmungskliniken melden große Zahlen an freien Betten. Aber die Küsten Deutschlands dürfen nicht mehr besucht werden! Es wurden Besuche an Nord- und Ostsee verboten. Was soll das denn? Am Strand spazieren gehen, verboten? Aus einer offenen Gesellschaft wird innerhalb zweier Wochen eine Art Diktatur mit extremer Beschneidung der Freiheitsrechte. Einer aus der Ex-DDR meinte zu mir unlängst, das hätte sich ja nicht mal die SED damals getraut, so was zu bestimmen.

9.04.2020: Der Hammer! Jetzt sind auch einige Medien auf ihn aufmerksam geworden: 99 Prozent aller Menschen, die man als Corona-Verstorbene bezeichnet, hatten gravierende (gravierendste) Vorerkrankungen. 20 Prozent Krebs im Endstadium, schwere koronare Herzprobleme, Lungenvorschädigungen, Diabetes und so weiter. Professor Püschel hat erneut betont, seine Studie würde aufzeigen, dass keiner der ersten offiziellen Corona-Toten an dem Virus gestorben sei. Ja woran denn sonst? Ich schaue mir mit Begeisterung erneut ellenlange Presse-Konferenzen im Fernsehen an. Das Gute an diesem Format ist, dass man sich ein eigenes Bild aus erster Hand machen kann und nicht mehr angewiesen ist auf die Nachrichten, in denen die Informationen gekürzt, geändert, gefiltert oder vorsortiert wurden.

Nehmen wir eine Befragung zum Thema, ob die Maßnahmen fortgesetzt werden sollen: Da zeigt man drei Leute aus Düsseldorf, die sich offensichtlich allesamt für eine Beibehaltung der Maßnahmen aussprachen in den Nachrichten. Dazu stelle ich mir die kritische Frage: Wie viele Leute hat man denn überhaupt interviewt? Waren es hundert und von diesen haben sich 97 gegen die Maßnahmen ausgesprochen und nur drei dafür. Und hat man genau diese drei genommen, um der Bevölkerung zu suggerieren, dass alle für die Beibehaltung sind und nur der eine dumme Fernsehzuschauer zu Hause denkt, dass die Maßnahmen unpassend sind? So ginge Gehirnwäsche. Überhaupt, die Sache mit der Statistik ist kompliziert: *„Traue nie einer Statistik die du nicht selbst gefälscht hast."* In Deutschland liegt das Durchschnittsalter der Corona-Toten bei etwa 81,2 Jahren, wird Professor Wieler vom RKI zitiert. *„RKI"*? Was ist das denn jetzt schon wieder? Ach so, das Robert-Koch-Institut. Scheint wichtig zu sein. Aber 81,2 Jahre. Der Durchschnitt an Verstorbenen im letzten Jahr lag doch in Deutschland nur bei 80,6 Jahren. Heißt das, die Corona-Toten lebten sogar länger als die Durchschnitts-Deutschen?

Karfreitag auf Samstag: Die Tage vergehen jetzt fast noch langsamer als zuletzt. Hier herrscht eine ganz eigenartige Ruhe. Aber sieht es denn auf der ganzen Welt wirklich so schlimm aus, wie uns die medialen Bilder demonstrieren wollen? Was bleibt ist Abwarten in Distanziertheit zu seinen Mitmenschen. Ob dieser weltweite Menschheitsversuch gelingt?

Eine längere Fahrradfahrt. Nirgendwo Autos oder Fahrräder zu sehen. Lock-down heißt doch nicht, sich zu Hause einzuschließen! Leute, geht raus, bewegt euch, trainiert euer Immunsystem!

12.04.2020 (Ostersonntag): Sonne – Sonne – Sonne. Und weit und breit kein Regen! Was hätten das für schöne Osterferien werden können. Aber nun überwiegen Schwermut und die Angst vor einer möglichen Ansteckung. Was hat man

nur mit Hilfe der Medien aus den Menschen gemacht? Hier in Niedersachsen kommen auf 100.000 Menschen etwa 90 Erkrankte und die sitzen zu Hause oder sind in Krankenhäusern. Dazu natürlich noch eine unbestimmte Zahl von Personen die das Virus in sich tragen. Der Begriff der *„asymptomatisch"* Erkrankten beginnt sich einzubürgern. Früher nannte man solche Leute *„gesund"*, bis man anfing, nach Viren zu suchen. Der PCR-Test. Der deckt auf. Aber was deckt der auf? Dass jemand, der mehr oder weniger gesund ist, dennoch krank ist und weggesperrt gehört? Haben die Fachleute im Fernsehen recht mit ihren Warnungen oder ist es absichtliche und gezielte Panik-Mache?

12.04.2020 (Sonntagabend): Wohl doch ein abgekartetes Spiel. Bill Gates in den Tagesthemen. Ihm werden in einem langen Interview augenscheinlich genau diejenigen Fragen gestellt, die er auch schon geplant vorhatte, sie zu beantworten. Es geht in die Richtung: Wir werden Impfstoff für sieben Milliarden Menschen produzieren und dann alles verimpfen, damit wir die Pandemie besiegen können. Pandemie? Was ist das denn, eine neue Wortschöpfung? Aber – impfen mitten drin? Und das in einer Pandemie-Welle? Geht denn so was gut? Erfolgen denn nicht die Grippe-Impfungen vor den Winterzeiten? Also bevor so was losgeht? Was macht das Virus, wenn es schon weit verbreitet ist, wenn es auf geimpfte Menschen trifft? Kommt es nicht dann zu eventuellen Mutationen?
Über neun Minuten Interview – besser gesagt: Werbeveranstaltung. Und dann bedankt sich der Moderator auch noch! Dass der öffentlich-rechtliche Rundfunk in seiner Hauptnachrichten-Sendung einem Amerikaner und Investor neun Minu-

ten Sendezeit schenkt, ein Skandal. Und dann auch noch diese devote und unkritische Fragerei … Abgekartetes Spiel. Komisch, dass er auch ähnliche Interviews in Italien und Österreich geben durfte.

Schon bald darauf äußert auch Robert F. Kennedy sein Befremden:

13.04.2020 (Ostermontag): Zum Glück hat es heute Nacht mal ein wenig geregnet. Zumindest die Oberfläche der Erde ist ein wenig befeuchtet. Dann aber gleich wieder der Wind, der alles wegtrocknet. Mir macht die Zukunft der Natur und des Klimas viel größere Sorgen als diese Corona-Pandemie. Auf das Virus konnten wir uns hier ein wenig vorbereiten. Schließlich traf es ja zuerst die Chinesen mit ihrem Wuhan. Aber wie lange haben wir noch Zeit, um uns auf den Klima-Kollaps vorzubereiten?

Inzwischen hört man immer wieder was von Sars-CoV-2. Was diese Fachleute nicht alles für Begriffe haben …

Schon seit Tagen steckt eine größer werdende Sehnsucht in mir: Rein ins Auto oder Wohnmobil und irgendwo hin, weg hier, nur wohin? Es ist ja alles versperrt. So viele Gedanken. Meine Ohren dröhnen, mein Bauch hat Angst, was ist das? Bin ich doch krank? Angst, warum habe ich ständig irgendetwas. Sollte ich nach Hamburg zum Arzt? Aber das Verreisen ist doch gar nicht erlaubt. Kommt man denn überhaupt dort nach Hamburg rein als Niedersachse? Fahren noch Züge? Gibt es Kontrollen. Wird man im Auto an den Elbbrücken vor Hamburg von der Polizei raus gewunken und wieder nach Hause geschickt, wenn man nicht aus Hamburg kommt. MeckPomm macht es wohl so. Jemand wurde an der Dömitzer Brücke zum Umdrehen genötigt. Er wollte nur seine

Ferienwohnung an der Ostsee besuchen. Seine eigene!

14.4.2020 (Ostern ist vorbei): Der Tag der Entscheidung. Auf den haben ganz viele von uns gewartet. Heute will die Regierung darüber beratschlagen, wie es weitergehen soll. Boris Johnson, der ,verrückte' englische Regierungs-Chef scheint von seiner Corona-Infektion zu genesen, ging schneller, als erwartet.

15.04.2020 (Mittwoch): Die Verrücktheiten gehen weiter. Da beauftragt die Regierung die Leopoldina mit zwei Dutzend Professoren, um den Exit aus dem Lockdown zu entwickeln und was manchen dann Merkel und Co? Sie entscheiden in fast allen Punkten anders, als es die Wissenschaftler empfohlen hatten: Keine Großveranstaltungen mehr, mindestens bis zum 31. August. Das wäre ja erst in einem guten Vierteljahr und der Sommer ist fast rum. Was soll das bringen? Ab 3. Mai allmählicher Einstieg in den Schulbetrieb. Kitas bleiben zu. Und unabhängig davon stirbt die Natur weiter vor sich hin. Wir hätten eigentlich ganz andere Probleme, um die wir uns kümmern sollten.

Was auffällt: Es werden gar keine Zahlen mehr zu Grippe/Influenza verbreitet. Ausgerottet? Oder wird alles unter dem Stichwort Corona (Covid-19) subsummiert?

17.04.2020 (Freitag): Man gewöhnt sich allmählich an Personen wie Karl Lauterbach, der anscheinend ein Abonnement auf Teilnahmen an Talk Shows und Nachrichtensendungen hat, man gewöhnt sich an Christian Drosten, über den man nebenbei erfährt, dass er schon im Rahmen der früheren Epidemien eigenartige Rollen gespielt hatte, man gewöhnt sich an Professor Wieler, einem Tierarzt, der irritierender

Weise dem Robert-Koch-Institut vorsteht. Aber man gewöhnt sich auch an Professor Bhakdi, an Bodo Schiffmann, Samuel Eckert oder Wolfgang Wodarg, die versuchen, einen Gegenpol zu den staatlichen Influenzern darzustellen. Und wir erinnern uns:

Vor Wochen hatte Professor Wieler emotional aufgelöst davor gewarnt, wir würden Gefahr laufen, dass wir uns auf mehr als 300.000 Tote im Verlaufe des Jahres möglicherweise würden einzustellen haben. Zurzeit sind es offiziell 3.500 Menschen, die in Deutschland als Corona-Tote geführt werden, wobei manche Kritiker behaupten, dass nicht alle ursächlich an genau diesem Virus gestorben seien. Ich erinnere mich an Professor Püschel. Insbesondere auch, da er eindringlich davor warnte, mit der Panikmache weiter zu machen. Corona sei kein Killer-Virus, wie es immer wieder hingestellt werde.

Was mich erschreckt: Wie schnell große Teile der Gesellschaft bereit sind, ihre Freiheits- und Bürgerrechte aufzugeben. MeckPomm verfügt, keiner dürfe mehr in das Bundesland und schon geht auch keiner mehr dort hin. Keiner darf an den Strand. Keiner …

Und mich erschreckt auch, zu beobachten, wie viel Angst die Leute entwickelt haben. Sagt man im Gespräch, augenscheinlich sei es doch im Moment gar nicht so schlimm, kommt oft wie automatisch als Antwort: *„Ich halte mich dran, ich will doch nicht, dass meine Mutter im Heim, dort wo so viele alte Menschen sterben, durch mich das Virus kriegt und auch stirbt. Ich will doch nicht meine Mutter und andere umbringen …"*

Ich bin überrascht, zum Teil sprachlos darüber, was hier gerade abgeht. Weil ich das anders sehe. Und auch interessant, wie schnell aus Angst auch Aggression werden kann.

Ein Patient erzählte wütend, er und seine drei Mitfahrer hätten jeder eine Strafe von 200 Euro zu bezahlen gehabt, da sie zu Viert unterwegs über eine Landesgrenze unterwegs gewesen seien.

19.4.2020 (Sonntag): Ich frage mich, was die sogenannten Fachleute noch so alles wollen. Die Ausbreitung des Virus stieg weder exponentiell noch linear, sondern die Kurve zeigt eher nach unten. Was ja kein Wunder sein sollte bei all' der Beschneidung der Bürgerrechte und des zunehmend wärmeren Wetters. Und gleichzeitig kommt es zum Zwang vom Maske-Tragen in Sachsen. Und keine Sorge, andere Bundesländer werden rasch nachziehen. Das ist mir so klar, wie das Amen in der Kirche. Begründung: Damit Lockerungen wieder möglich werden können.
Als nächstes kommt die Corona-App – da bin ich sicher. Erst wird es heißen: Damit weitere Lockerungen möglich gemacht werden können. Dann merkt man, dass Freiwilligkeit nicht ausreicht; dann wird es heißen: Wenn ganz viele freiwillig die App runterladen und nutzen, dann können wir lockern. Aber was ist, wenn ich mein Handy zu Hause lasse? Kommt dann der Zwang zum Mitführen eines Handys, damit wir uns wieder *„frei"* bewegen dürfen? Und welche App, welche Vorschrift folgt als nächstes? Übrigens liegt die Reproduktionszahl zur Zeit bei 0,8. Alles, was unter 1 sei, wurde zumindest mal gesagt, würde die Ausbreitung von Corona abschwächen.
Schöne neue Welt: Man kann dankbar sein, wenn man noch arbeiten darf. Ich glaube, wenn ich in dieser verrückten Zeit auch noch zur Untätigkeit verurteilt wäre, würde ich durchdrehen. Aber was machen bloß die 70.000 Gastronomie-Be-

triebe in Deutschland und die Hunderttausende von Mitarbeitern, die nicht arbeiten dürfen? Alle vor dem Ruin? Komisch, dass angesichts dieser Zahlen augenscheinlich niemand in Panik gerät – und die Talk Shows: Eingeladen werden weiterhin nur diejenigen, die auf Linie sind. Querdenker und Kritiker sucht man vergebens. Ganz im Gegenteil: Oft werden sie auch noch diffamiert. Es setzt eine Hetze ein, die aus neutraler Sicht nur schwer auszuhalten ist. Und manchmal denke ich, dass die Leute, die sich über Hetze und Hetzer beschweren, in ihrer Art selbst Hetze betreiben, das jedoch leider nicht merken. Man sieht das Streichholz im Auge des anderen, den Balken vor der eigenen Stirn sieht man nicht.

22.04.2020 (Mittwoch): Die Sache wird langsam ein wenig zur Normalität, wenn man das als ‚normal' benennen kann, was ursprünglich mal ‚unnormal' war. Aber bei den Lockdown-Maßnahmen ist kein Ende abzusehen. Gleichzeitig gibt es immer mehr Videos im Netz, wo sich Fachleute besorgt äußern und zum Teil massive Kritik formulieren an den verhängten Maßnahmen. Die Mainstream-Medien haben es geschafft, eine Urangst in vielen Menschen zu entfachen. Fachleute halten dagegen: Die Corona-Geschichte habe schon Mitte März begonnen, von selbst abzuflauen. Mein Bauchgefühl sagt mir, dass ich die Kritik genauso sehe. Aber ich beobachte auch eine zunehmende Aggressivität in der Bevölkerung; vermutlich ein Produkt der Angst. Und die Ängste lassen sich in drei Bereiche unterteilen:

- Angst vor dem Virus
- Angst vor einem finanziellen Ruin
- Angst vor Gesundheitsdiktatur und Verlust der Freiheit

Daniele Ganser liefert hierzu einen hervorragenden Vortrag. Auch den Vortrag über Vitamin D als Basis eines gesunden Immunsystems von Dr. Jörg Spitz finde ich hilfreich.

26.04.2020 (wieder ein Sonntag): So, jetzt haben wir endlich auch hier in Niedersachsen die Maskenpflicht. Hat tatsächlich länger gedauert, als ich gedacht hätte. Vor zwei Wochen noch war sie nur eine „dringende Empfehlung" durch die Bundesregierung. Dann fing eine Stadt, dann ein Bundesland an, dies als Pflicht einzuführen – immer sehr wohlwollend begleitet durch die Mainstream-Medien, über die man gehört

hat, dass sie im zurückliegenden Zeitraum aus verschiedenen Quellen eine Menge an Millionen zur Unterstützung in **Anfangs durfte man noch ‚Selbstgenähte'** tragen Richtung Digitalisierung bekommen hatten. (Bestechung?) Dann folgten andere Städte, andere Bundesländer – wieder wohlwollend medial begleitet nach dem Motto: *„Warum schützen sich nicht alle! Es ist doch unverantwortlich!"* Und nun zieht letztlich auch Niedersachsen nach unter dem Argument: *„Ein Flickenteppich ist doch auch nicht gut."*

Aber wäre es andersrum mit diesem Argument anfangs für die sogenannten Vorreiter nicht auch genauso verboten gewesen, mit dem Vorpreschen von Sonderregelungen zu beginnen? Wäre niemand vorgeprescht, hätte auch keine Entstehung eines Flickenteppichs eingesetzt, nun haben wir ab Montag, 27. April eben die Maskenpflicht in ganz Deutschland.

Aber hatten uns vor sechs Wochen nicht noch Fachleute wiederholt erklärt, Masken würden nichts bringen? Selbst die WHO sprach davon. Ja sogar, dass sie schädlich seien. Selbst FFP-3-Masken, die mit dem Filter, hätten für Viren zu große Poren? Und dass man sie spätestens nach zwei Stunden oder weniger erst mal wieder für eine Weile würde absetzen müssen. Und macht eine Maske das Atmen nicht unnötig anstrengend? Und verbleibt nicht ein Teil des CO_2 beim Ausatmen in der Maske, also direkt im Atembereich und schädigt damit die Atemorgane damit umso mehr? Ich denke an Ende letzten Jahres zurück. Dahin, wo noch niemand was von Covid-19 ahnte. Niemand? Kann man vielleicht doch nicht sagen. Menschen, wie Bill Gates, die jetzt fleißig ihre Finger in Firmen haben, die Impfstoffe produzieren, referierten schon vor einem Jahr darüber, dass es nicht darum ginge, ob mal eine Corona-Pandemie kommen könnte, sondern es sei nur eine Frage der Zeit, wann dies geschehen würde. Und gab es da nicht im Herbst letzten Jahres diese eigenartige Pandemie-Übung Event 201, wo genau eine Art Corona-Virus-Ausbruch simuliert wurde, wie er dann kurz darauf stattfand? Das unterscheidet eben die weltbekannten Persönlichkeiten von den kleinen Würmchen – die wichtigen Leute wissen anscheinend oft, was die Zukunft bringen wird. Und bei uns brachte sie: Nationalen Gehorsam und gegenseitiges Kontrollieren; ausgelöst durch medial unterstützte Lebensangsterzeugung – oder besser: Todesangst?

Bin mal gespannt, wann die Impfpflicht kommt. Damit sie aber wirklich kommt, muss wahrscheinlich die Angst vor Ansteckung in der Bevölkerung weiterhin hochgehalten werden. So hoch, dass man sich geradezu danach sehnt, endlich den Impfstoff einverleibt zu erhalten. Aber müssten wir uns nicht im Grunde genommen, wo die aktuelle Epidemie schon da ist, nicht lieber bereits gegen die nächste kommende Krise immun machen lassen – gegen ein nächstes neues Virus, wie auch immer?

Komisch, dort wo ich eine Maskenpflicht für sinnvoll erachten würde, nämlich in Bäckereien, Fleisch- und Käsetheken, dort gibt es immer noch keine Maskenpflicht. 150.000 Infizierte in Deutschland, 5.600 Verstorbene (mit oder wegen Corona bleibt unklar). Der Anteil der Infizierten an der Gesamtbevölkerung liegt damit bei 0,2 Prozent. Es hieß mal, es würden sich 60 bis 70 Prozent anstecken müssen, um eine gesamtheitliche Immunität zu erreichen.

1.05.2020 (Freitag): Nicht nur, dass jetzt zum Ende der Epidemie eine Maskenpflicht in Geschäften und öffentlichen

Verkehrsmitteln eingeführt wird – nein, die Politiker betonen immer wieder, dass nur ein Impfstoff die Rettung sei. Aber gegen was will man denn jetzt noch impfen? Gegen Covid-19? Oder gegen etwas, was im nächsten Jahr auftauchen könnte? Die Gefährlichkeit von Covid-19 nimmt mit der Zeit ab. Mal abwarten, wie das nächste Virus wohl aussehen wird.

Die Wirtschaft ist so stark abgestürzt, wie noch nie. Die Verschuldung nimmt gigantische Formen an. Die Ölförderer zahlen sogar schon zum Teil Geld an diejenigen drauf, die ihnen noch Rohöl abnehmen. Es wird kaum noch produziert, es wird auch nur ganz wenig Auto gefahren. Flugzeuge fliegen nicht mehr, Kreuzfahrtschiffe liegen in den Häfen, zum Teil sogar noch mit ihrer Besatzung an Bord, die nicht runter darf – keiner will sie haben, weil sie ja das Virus einschleppen könnten.

Man müsste die Ölförderung kurzfristig drosseln, weil der Verbrauch abgestürzt ist. Aber das ist eben unmöglich, sonst würden die geologischen Strukturen in der Erde, aus denen das Öl herausgeholt wird, zusammenbrechen und für immer zerstört sein. Beim Gas wäre das leichter, da gibt es eine Art Blase in der Erde, die man nur anstechen muss. Die beste findet sich in Russland – reinstechen und kassieren.

Die Politiker machen sich fast schon lächerlich, wenn man die Reden mit der Betonung der Hygiene-Regeln hört. Und in den Heimen sterben alte Menschen einen einsamen und verwirrten Tod. Direkter Kontakt ist verboten, egal wie die Gesundheitslage ist. Ich beobachte Senioren-Residenzen, die regelrecht mit Zäunen abgesperrt sind. Ich würde mich fühlen wie im Knast, wenn ich drinnen wäre.

3.05.2020 (Sonntag): Zunehmend große Demos gegen die verhängten Beschränkungen. Und genau wie bei der Flüchtlingskrise vor einigen Jahren: Die eine Seite der Bevölkerung sieht die Maßnahmen als absolut richtig oder noch als zu lasch an und argumentiert mit der Angst vor Erkrankungen, die andere Seite sieht die Epidemie als normales Teil des Lebens an und will ihre alten Freiheiten zurück. 792 neue Infizierte. Nun gut, immer wieder wird betont, dass die Labore an Wochenenden weniger arbeiten. Dann müssten also am Dienstag und Mittwoch deutlich höhere Zahlen gemeldet werden.
Inzidenz liegt bei uns in Uelzen bei 9.

4. Mai 2020: Es wird endlich über ein Ende des Lockdowns diskutiert. Nachdem anfangs immer wieder ein Bundesland vorpreschte, um die Maßnahmen noch mehr zu verschlimmern, geht es jetzt inzwischen anders rum. Lockerung hier, Lockerung da – je nach Stimmungslage der Ministerpräsidenten. Unser ‚Opa‘ Weil ist leider ein Angsthase. Liegt's am Alter?
Die Menschen auf den Demos werden diffamiert. Aluhut-Träger ist das neue Schimpfwort. Es kommt mir vor, dass die Hetze gegen die Leute, die Bedenken gegen die vorgenommenen Maßnahmen artikulieren, schlimmer wird, je vernünftiger die Argumente der Demonstranten sind. Und die Antifa, die früher den Staat am liebsten abschaffen wollte, unterstützt plötzlich die Seite des Staates, indem sie gegen die Corona-Demonstrationen agitiert und die Teilnehmer verbal und zum Teil sogar körperlich attackiert.
Merke: Man macht Unliebsame so lange schlecht, bis sie aus der Mehrheitsgesellschaft psychologisch ausgeschlos-

sen worden sind. Dann darf man mit ihnen alles machen, sie diffamieren, diskreditieren, attackieren, entwürdigen. Etwa nach dem Motto: Wer keine vernünftigen Argumente mehr für einen Dialog hat, der schreit und hetzt.

Die Hausumschreibung kommt immer noch nicht voran! Auf dem Grundbuchamt ist keiner im Dienst, alle zu Hause – Homeoffice, das neu Zauberwort. Bin genervt und verunsichert. Hoffentlich kommt nicht noch irgendwas dazwischen. Noch ist alles mit dem Verkauf nicht in trockenen Tüchern – muss erst umgeschrieben sein. Dann kann man auf das Geld hoffen. Wenn es denn auch wirklich kommt …

5. Mai 2020: Die Angespanntheit in der Seele geht immer mehr zurück. Bei Rubikon meinte Dr. Claus Köhnlein im Hinblick auf die Bilder von Intensivstationen aus Bergamo und Umgebung, es müsse rückblickend gesagt werden, dass sich ähnliche Aufnahmen auf so gut wie jeder Intensivstation in der ganzen Welt finden lassen. Die verwendete Szenerie habe überhaupt keine Situation gezeigt, die typisch für ein verzweifeltes Drama einer einzelnen Region war. Aha, so ist das also. Und was war den Millionen von Zuschauern für Angst in die Glieder gekrochen. Unwillkürlich hatte wohl so ziemlich jeden der Betrachter der Angstgedanke beschlichen, man könnte Gefahr laufen, auch selbst in eine derartige Lage geraten zu können. Ob die wochenlange Wiederholung derartiger Bilder Zufall oder Absicht war? Inzwischen tendiere ich zu ‚Absicht' – wer kapieren will, der kann kapieren. Dennoch, unwichtig ob Zufall oder Absicht – das Unterbewusstsein vergisst nicht. Die Eindrücke einer Intensivstation mit Geräten, Kabeln, Personal in Schutzanzügen und beatmeten Menschen in den Nachrichten lassen sich kaum noch aus dem Unterbewusstsein verdrängen.

9. Mai 2020: Ich kriege spitz, dass unsere Bundeskanzlerin letztes Jahr im September 2019 die Stadt Wuhan besucht hat. Komisch, warum ausgerechnet Wuhan, den Ort, wo schon zwei Monate später der Start der Corona-Pandemie begonnen hat? Offiziell ging es um einen Besuch des Tong-ji-Krankenhauses, um irgendetwas Wirtschaftliches sowie eine Teilnahme an einem Festakt zur Eröffnung eines chinesischen Werkes des Autozulieferers Westabo am 7. September. Beides hatte ich im fernen Deutschland allerdings nicht mitbekommen. Ob dies wohl anderen bekannt gewesen war?

10.05.2020 (Sonntag Muttertag): Es wurden jetzt zwar inzwischen eine Reihe von Beschränkungen aufgehoben, zum Teil sehr plötzlich, aber der Volkslauf in Bad Bevensen bleibt trotzdem abgesagt. Und das bei herrlich blauem Himmel und ausbleibendem Regen. Alles vertrocknet langsam vor sich hin.
Ab Morgen soll man wieder die Restaurants besuchen können, aber nur in halber Zahl und mit vielen Auflagen. Ich buche gleich beim Inder, kann es kaum abwarten. Aber die Kinder haben keine Lust. Entweder hat ihnen ohne Essen zu gehen nichts gefehlt oder sie trauen dem Frieden noch nicht so richtig. Sitzt ihnen womöglich die entfachte Angst noch derart in der Seele, dass sie sich blockiert fühlen? Ich sehe die Sache genau umgekehrt. Wir haben jetzt acht Wochen der strikten Quarantäne-Beschränkungen hinter uns. Acht Wochen statt der ursprünglich kommunizierten zwei Wochen. Wann, wenn nicht jetzt wäre es ungefährlicher, wieder

ein Restaurant zu besuchen? Für alle, die jetzt erst mal abwarten wollen, wäre es doch viel gefährlicher, erst in einigen Wochen wieder Essen zu gehen. Dann könnten doch durch die Lockerungen und die vermehrten Kontakte die Zahlen viel eher wieder hochgehen!

Was mir und vielen bedeutsamen Fachleuten Sorge macht ist Folgendes: Wenn man immer nur das Ziel verfolgt, die Zahl der Infizierten zu reduzieren oder das Virus auszurotten, so wie dieses der von der Bill-Gates-Stiftung hinten rum gesponserte SPD-Politiker Lauterbach ständig mahnend wiederholt, und wenn wir deshalb den Lockdown noch mal um weitere zwei Wochen verlängern würden, und dann noch mal zwei Wochen und so weiter; wo würden wir dann am Ende landen? In der Staatspleite mit landesweiter Anarchie und mit Bürgerkrieg? Anarchie und soziale Zusammenbrüche – das waren ja schon ganz zu Anfang meine Befürchtungen, als der Trend des Umgangs mit der Epidemie und der politischen Entscheidungen ab Februar einsetzten. Und zwar anscheinend weltweit! Zumindest wurde uns dies über die Medien berichtet. Ausnahme Schweden - und Weißrussland. Ist also die Reaktion des Westens auf Corona lediglich eine kapitalistische Psychose?

Na immerhin will unser Gesundheitsminister nach den zunehmenden deutschlandweiten Demos und Unmutsäußerungen zumindest den angedachten Gesundheitsausweis, der zu *„freiem Leben"* weltweit berechtigen sollte, vorerst einmal auf Eis legen. Übrigens: In den USA gilt inzwischen schon derjenige als ein Terrorist, der einen Polizisten anhustet. Ich frage mich ironisch: Müsste er auch wirklich erkrankt sein oder gilt das generell, um die Todesstrafe abzubekommen?

12.05.2020: Gestern im India-Haus zu Viert zum Essen. Schon ein komisches Gefühl. Immerhin waren wir nicht die einzigen. Es war in dem großen Raum noch eine zweite Gruppe, die auch ihren Freiheitstag feiern wollte. Und später kam noch ein Pärchen. Die Betreiber können einem leidtun – sie sind sicherlich froh, dass wieder etwas los sein darf. Aber mit dieser Auslastung ist kein Restaurant zu betreiben.Wir hinterlassen Namen und Telefonnummer auf einem Zettel für die ‚Nachverfolgung'. Noch so ein komisches Wort, auf das wir jetzt stoßen. Wie groß würde der Zettelkasten wohl sein müssen, wenn mehr Gäste eintrudelten? Die Bediensteten alle mit Mundschutz. Sieht sehr gewöhnungsbedürftig aus. So wird der Motor des Alltagslebens nicht wieder anspringen! Und jetzt geht es plötzlich in vielen der Talk Shows nicht mehr darum, wie reduzieren wir die Infektionszahlen, sondern wo kommt das Geld her, dass der Staat braucht, wenn er 11 Millionen Menschen in ihrer Kurzarbeit bezahlt? Die Stimmung wird gereizter. Aus Angst wird Hilflosigkeit, aus Hilflosigkeit wird Verarmung, aus Verarmung wird Wut. Verzweifelte Wut. Der Staat versucht die Wut durch Geld zu beruhigen. Alles schon mal dagewesen? Bin froh, dass ich, aber auch die Kinder mehr oder weniger krisensichere Jobs haben, JVA, Kindergarten, Psychiatrie, Psychotherapie. Keiner in der Industrie. Dort läuft anscheinend nicht viel, Lieferengpässe. Dennoch zahlen die Konzerne Millionenbeträge an die Profi-Fußballer. Lewandowski soll 20 Millionen im Jahr von den Bayern bekommen! Und Boni für die Leitung gibt es auch.

14. Mai 2020: Bin mal wieder bei Boss Copy gewesen. Wo ist denn der nette schwarzhaarige Mitarbeiter? Der habe gekündigt, mit dem Kurzarbeitergeld sei er bei Miete und Kind nicht ausgekommen. Schade, so einen findet man so schnell nicht wieder. Ich höre auch von anderen, dass sie sich neue Jobs gesucht haben. Bei den Auslieferungsfahrern und den Security-Kräften ist der Bedarf groß. Und von meinem Stamm-Hotel in Bad Schandau, wenn ich auf dem Malerweg unterwegs bin, höre ich, dass die beiden Frauen, die täglich aus Tschechien zum Arbeiten angereist waren, auch wohl nicht wiederkommen werden. Was machen in Zukunft die vielen Betriebe, die auf Service-Kräfte angewiesen sind und die ihnen weglaufen? Und was machen diejenigen Gäste, die zwar genug Geld für das Restaurant und fürs Hotel haben, wenn es keine Menschen mehr in ausreichender Zahl gibt, die bereit sind, die Arbeit dort zu erledigen?

17. Mai 2020: Es wird wieder so etwas wie Fußball gespielt. Mit neuen Regeln und ohne Zuschauer. Wer ein Spiel im Fernsehen verfolgt, der denkt, man sei bei einem Freundschaftsspiel. Friedhofs-Atmosphäre. Macht keinen Spaß, aber immerhin gibt es einen kleinen Sinn, am Montag die Ergebnislisten in der Zeitung durchzustöbern. Mir haben Tabellen, Sportberichte und Ergebnisse ganz schön gefehlt. Schließlich bin ich seit meinem vierzehnten Lebensjahr mit dem Sport verbunden: Aktiver, Berichtsschreiber, Trainer, Spartengründer, Funktionär, begleitender Vater seiner Kinder. Wie haben es die hiesigen Sport-Reporter bloß geschafft, die Sportseiten auch nur annähernd sinnig vollzukriegen. Mich hatten sie vor einigen Wochen auch hinzugezogen, um einen Bericht über meine Zeit im Aufsichtsrat vom HSV Hamburg zu bringen. Ganz nett, wenn man mal eine ganze Seite für sich hat.

24.05.2020 (Sonntag): Die Zahl der Infizierten liegt inzwischen bei unter 10.000. Das mag auf den ersten Blick noch viel klingen, kann aber auch kritisch hinterfragt werden. Denn erstens handelt es sich nicht um Infizierte im klinischen Sinne, denn viele von denen haben keinerlei Symptome, sondern nur einen positiven PCR-Test und zweitens muss man diese Zahl mal auf die Bevölkerungszahl Deutschlands umrechnen. 800.000 wären bezogen auf Deutschland ein Prozent. 80.000 wären demzufolge 0,1 Prozent. Das heißt, die Quote der Menschen mit einem positiven PCR-Test liegt zurzeit bei 0,012 Prozent. Oder andersrum, 83 Millionen und 155 Tausend haben kein Corona. (83.155.020 Menschen haben wir inzwischen laut offizieller Statistik.) Dennoch überschlagen sich die Medien

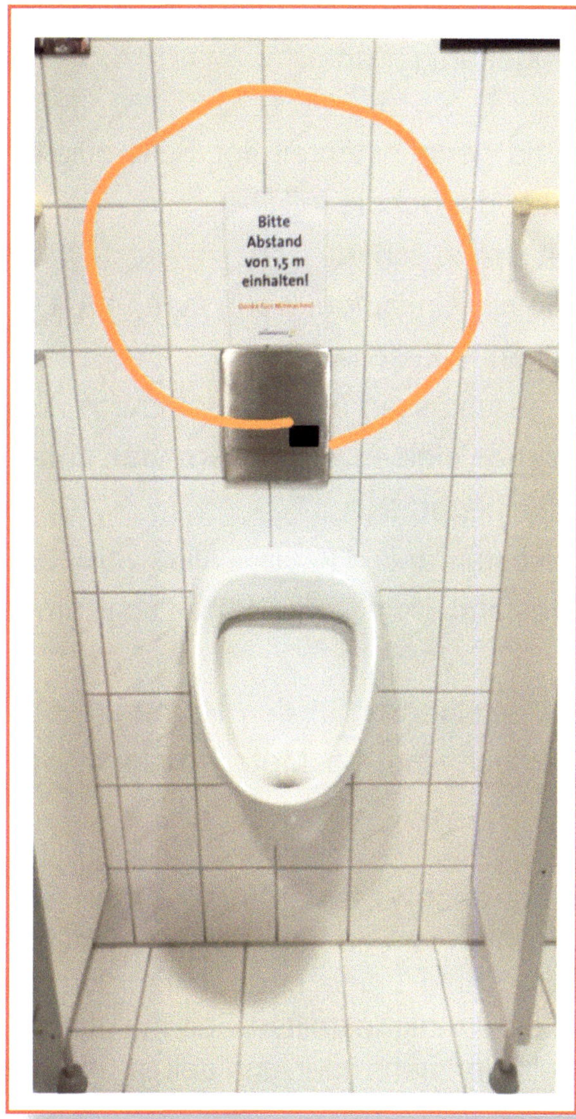

angesichts derartiger Zahlen mit Mahnungen und Warnungen. Ich war nie gut in Mathe, aber dieseeinfachen Rechnungen und Zusammenhänge, die verstehe ich.

Übrigens – wenn man jetzt noch bedenkt, dass nur etwa ein Prozent oder noch weniger die potenzielle Corona-Erkrankung nicht überlebt, dann fühlen sich die aktuell geltenden Beschränkungen noch eigenartiger an:

- Nur ein verschwindend geringer Anteil der Schulpflichtigen besucht momentan die Schule
- Gesichtsmasken wohin man schaut
- Im Baumarkt darf man nur einkaufen, wenn man Firma ist
- Fußball und Handball ohne Zuschauer
- Öffentliche Toiletten geschlossen und an Hamburgs Alster darf man weder stehen bleiben, sich in Gruppen unterhalten, noch die Bänke benutzen
- Weinmarkt, Kirmes, Restaurants, Hotels – alles verboten
- Man darf sein Bundesland nicht verlassen – schlimmer als in der DDR
- Sogar jedes zweite Pinkelbecken in den Herren-Klos in Restaurants ist zugeklebt; und 1,5 Meter Abstand, das wird schwer (!)

Ich denke, das Virus unter dem wir leiden, heißt Angst. Die Bilder, die im Fernsehen und Netz kommuniziert wurden, haben sich eingebrannt in die Seele. Leider beobachten sich viel zu wenige von uns in dieser ruhiggestellten Zeit mal selbstkritisch, sonst würden wir viel mehr über uns selbst und die

Absichten der Hintermänner, die augenscheinlich hinter dieser ganzen Verschwörung stecken, erkennen. Leider werden diejenigen, die etwas erkennen, oft von anderen Menschen als Verschwörungs-Theoretiker abqualifiziert. Dabei sind sie eher Verschwörungs-Aufdecker. Dennoch, es gibt auch Widerstand.

1.06.2020: Inzwischen drehen sich die Diskussionen zunehmend mehr um die Frage, ob das Virus auf natürlichem Weg oder durch einen Laborunfall in die Umwelt gesetzt wurde. Besonders interessant finde ich die Hinweise darauf, dass das Corona-Virus bereits im Oktober oder November in Wuhan erkannt worden sei, ohne, dass man diesem Ergebnis besondere Bedeutung zugemessen hatte. Nun fällt mir wieder ein, dass die Bundeskanzlerin im September 2019 in Wuhan war – komischer Zufall! Wurde sie da schon auf das eingeschworen, was später dann einsetzte?
Auch komisch. Wer suchet, der findet – manchmal vielleicht mehr als einem lieb ist. Ich fand einen Text über den italienischen Fechter Matteo Tagliariol, der Mitte Oktober 2019 an den Militärweltspielen in Wuhan teilgenommen hatte. „Als wir in Wuhan eingetroffen sind, sind wir alle erkrankt. Alle sechs Personen in meiner Wohnung waren krank, auch viele Athleten anderer Delegationen. Ich hatte sehr hohes Fieber und konnte nicht atmen. Auch Antibiotika halfen nicht. Drei Wochen lang war ich krank und sehr schwach. Danach ist mein zweijähriger Sohn Leo erkrankt. Er hat drei Wochen lang gehustet. Auch meine Lebensgefährtin ist krank geworden, doch in leichterer Form. Als man begonnen hat, vom Virus zu sprechen, dachte ich: *„Ich habe mich angesteckt. Ich erkannte die Covid-19-Symptome. Ich bin ein Sportler,*

mir ging es für meine Standards sehr schlecht.“ Gut möglich demnach, dass italienische oder spanische Soldaten, die an den Militär-Weltspielen teilgenommen hatten, in Wuhan schon im Oktober infiziert worden waren, ohne dass man das mitbekam. Oder aber, und das wäre noch schräger, das Virus war schon vorher in Italien oder auch Spanien unterwegs und wurde auf diesem Wege unbemerkt nach China eingeschleppt. Dann waren da mehr als zehntausend Sportler auf engem Raum zusammen, haben sich untereinander angesteckt ohne die Gefahr zu erkennen und dann das Virus mit in die ganze Welt rausgetragen.

25.06.2020 (Donnerstag): Einige Zeit ist vergangen. Es gab etliche Lockerungen. Lockerungen, das ist eigentlich ein Begriff aus dem Gefangenen-Jargon. In den Justiz-Vollzugsanstalten bekommen Inhaftierte, wenn sie sich gut verhalten und eine gute Prognose bekommen, eben diese Lockerungen. Zumindest, wenn das die Gefängnisleitung oder die Beamten für angemessen erachten.
Immer weniger Infizierte. Aber die finanziellen Auswirkungen, die werden noch verheimlicht. Es müssen schon jetzt gigantische Summen sein. Und Scholz, der größte Schuldenmacher aller Zeiten, will nächstes Jahr wahrscheinlich Bundeskanzler werden. Es werden immer neue Konjunktur-Programme geschnürt. ‚Geschnürt‘ – was für ein schräger und verharmlosender Begriff. Man las etwas von 157 Milliarden neuen Schulden bei ausbleibenden 90 Milliarden Steuereinnahmen für 2020. Das kann doch gar nicht gut gehen. Und regnen tut es auch weiterhin bei uns nicht. *„Gegenüber der heraufziehenden Umwelt- und Klimakrise ist die Corona-Krise pillepalle.“* Das war eine Aussage von Maja Göpel,

einer Professorin und Buchautorin, die ich sehr ernst nehme. Immerhin konnten wir jetzt zwischenzeitlich eine Woche mit dem Wohnmobil an der Ostsee auf einem Campingplatz bei Rerik verbringen. Maskenpflicht in Toiletten, Pizzeria, Geschäften und Rezeption. Ich habe mir eine ganz dünne Maske besorgt – mit HSV-Emblem. Für manche eine Provokation. Später war ich auch noch eine zweite Woche allein weg, zum Wandern. Auch hier: Im Flur des Hotels - Maske, beim Buffet - Maske, später beim bei Lidl - Maske, auf der Fähre - Maske, im Bus - Maske. So richtig Spaß wie früher hat es in keinster Weise gemacht. Über allem hängt weiterhin eine Art von bleierner Schwere, die sich nicht auflösen will. Richtige Erholung sieht anders aus. Zumindest auf den Wanderwegen geht man ohne Mund-Nasen-Schutz; stimmt nicht ganz, manchmal kommen einem sogar hier Leute mit Maske entgegen. Ich fasse es nicht. Die Zahl der Infizierten pendelt sich bei 5.000 ein. Inzidenz bei 4,5. Das ist doch eigentlich gar nichts, aber sie wollen irgendwie nicht locker lassen, unsere Geschichtenerzähler. Ständig die gleichen Floskeln: Wir dürfen nicht nachlassen. Der einzige Weg aus der Pandemie heraus ist das Impfen. Entschuldigung, woher wissen sie das? Warum nicht ein gutes Immunsystem trainieren wie ich es gerade tue? Warum keine Forschung an Medikamenten wegen Covid?

26. 06. 2020: Ich sitze endlich mal wieder mit offizieller Erlaubnis des RKI und der gesamten Corona-Politiker im Rewe-Cafe. Draußen. Was für ein Gefühl! Aber auch was für ein Gefühl … Vorher: Maske aufsetzen, reingehen, alles ist umgestellt. Man kann nicht mehr so wie früher einfach geradeaus reingehen zur Verkaufstheke. Nein. Sie haben umgebaut. Pfeile auf der Erde zeigen die Geh-Richtung an. Hände desinfizieren obligatorisch. Vor mir stehen vier Leute in der Warteschlange. Statt fünf Angestellten sieht man gerade mal zwei, eine ist neu. Eigentlich kannte ich vor dem Lockdown jede der Damen. Fünf, klar, ist ja kaum was los. Wer hat schon Lust auf ein derartiges Procedere. Viele frühere Besucher haben angefangen, es sich zu Hause dauerhaft einzurichten. Noch zwei vor mir. Der nächste wird vorgewunken. Es dauert ewig. Warum? Nicht nur, dass die Leute anscheinend während der überlangen Zeit des Wartens noch keine Idee daran verschwendet hatten, was sie wirklich haben wollen, das ist das Eine. Aber dann: Beim Eingeben der Preise muss jetzt jeder Preis neu eingegeben werden, die Mehrwertsteuer war reduziert worden, um die Geschäfte zu entlasten. Aber was das in der IT-Verwaltung für ein Aufwand ist, daran wurde wohl nicht gedacht. Ich erinnere mich an die früher zu zahlende 10-Euro-Praxisgebühr. Mag eine gutgemeinte Idee der Politik gewesen sein, hatte jedoch nur den Effekt, dass alles noch komplizierter in den Praxen wurde – ansonsten kein gewollter Effekt.

Ich bin vorn, werde vorgewunken. Ein Brötchen mit Käse, ein Milchkaffee. Das ging schnell, aber jetzt: Eintippen per Hand, das dauert, zusätzlich sind auch noch die veränderten Beträge einzugeben, wenn jemand hier die Sachen verspeisen möchte, das kostet mehr als würde man diese nur kaufen und nach Hause mitnehmen. Nächste Schikane: Jeder, der hier draußen sitzen will, bekommt einen Ausdruck aus der Kasse, auf dem er Name, Vorname, Adresse, Telefonnummer und sein Eintreffen in der Bäckerei eintragen muss. Plus die Nummer des Tisches. Und in dem Feld, was unten noch frei ist, müssen die Angestellten später den Abmarsch der Kunden nachtragen. Ob das wohl klappt? Warum diese unsinnige Schikane?

Wenn das so bleibt und wenn ich zukünftig hin und wieder mal öffentlich etwas essen will, dann werde ich mir vielleicht einen kleinen Stempel machen lassen; dann fällt das dämliche Eintragen seiner Daten zumindest etwas leichter und geht schneller. Einfach draußen hinsetzen, das geht nicht mehr. Das Personal muss erst dafür sorgen, dass ein Tisch desinfiziert wird, wenn die vorherigen Gäste aufgestanden sind. Dann erst wird der Tisch freigegeben und die Nummer des Tisches auf dem Meldezettel verzeichnet. Bin genervt, macht eigentlich schon keinen Spaß mehr. Insbesondere, weil nicht nur die früher ausgelegten Lese-Exemplare verschiedener Zeitungen nicht mehr zu sehen sind, nein, es gibt noch nicht einmal welche hier zu kaufen.

Draußen – ich krame in meiner Erinnerung. Waren hier früher nicht mehr Tische und Stühle als jetzt? Nachgefragt – ja, man musste um 40 Prozent reduzieren. Das also auch noch. Aber im Grunde genommen kein Problem, im Moment sind sowieso nur drei von sieben Tischen besetzt. Und hier muss noch keiner eine Maske tragen.

Ich überlege, wie es früher war. Da brummte der Laden, man ging gern hin, traf sich, holte oft noch problemlos etwas nach. Drinnen lagen Zeitungen aus, manchmal musste man warten, weil manche Leserinnen die Seiten augenscheinlich auswendig zu lernen versuchten. Und die Preise? Mir scheint, als seien die jetzt auch höher als früher. Ach ja – sie nehmen eine Aufwandspauschale für das zusätzliche Desinfizieren, für Masken der Belegschaft und … keine Ahnung.

Für manche wird so ein Besuch allmählich unerschwinglich. Ein Bekannter kommt vorbei. Unsicher. Hat eine Stoffmaske auf, hätte sein Frau genäht. Wie begrüßt man sich? Umarmung? … ist nicht mehr angesagt. Faust an Faust. Oder einfach nur die Hand heben, wie bei den Indianern – aber nicht zu hoch, nicht dass man falsche Assoziationen erweckt. Ellenbogen an Ellenbogen, wie man das im Fernsehen inzwischen bei den Treffen der Politiker beobachten kann, das kommt für mich nicht in Frage – zu geziert. Besonders, wenn das die von der Leyen macht.

Ich erinnere mich zwischendurch: Im österreichischen Kurier hatte ich Anfang April gelesen, die WHO sehe im Kampf gegen die Ausbreitung des Corona-Virus keinen Nutzen im allgemeinen Tragen von Schutzmasken. Der WHO-Nothilfedirektor Michael Ryan hatte erklärt, es gebe keinerlei Anzeichen dafür, dass damit etwas gewonnen wäre. Zitat: *„Unser Rat – wir raten davon ab, Mundschutz zu tragen, wenn man nicht selbst krank ist."* Und der Leiter der Thorax-Chirurgie in Hof, Dr. Michael Dykta sieht es ebenso: Wenn das Virus einen Durchmesser von einem Meter habe, dann würden die Maschen einer Maske dementsprechend einen Durchmesser von acht Kilometern haben. Und auch Professor Bhakdi sieht es ähnlich. Wenn man sein Schlafzimmer vor Mücken und Fliegen schützen will, dann nimmt man als Fliegengitter keinen Maschendraht.

Aber das scheint ja alles nichts zu gelten. Eine Maskenpflicht also, und das, obwohl weltweit namhafte Wissenschaftler davon abrieten. Unisono hieß es sogar, dies würde keinen Nutzen bringen, sondern könne flächendeckend eher Schaden an den Atmungsorganen und auch der Psyche, insbesondere bei Kindern, anrichten. Die neue Wirklichkeit sieht jetzt verhüllte Gesichter in der Öffentlichkeit. Blickte man früher in offene Gesichter in einer freien offenen Gesellschaft, so verdüstert sich das menschliche Klima, man blickt auf verhüllte Minen. Hatte man dies zuvor jahrelang bei moslemischen Frauen so manches Mal mitleidig belächelt, so war irgendwann das freie Lächeln bei Begegnungen in der Öffentlichkeit jetzt ausgestorben.

Bin rasch fertig. Ach ja, Geschirr zurückbringen. Glastür ist zu! Quizfrage: Wie setze ich mit einem Tablett in den Händen meine Maske auf? Steht ja schließlich groß auf dem Plakat an der Tür. Also zurück zum Tisch, Tablett abstellen, genervt sein, Maske aufsetzen, die Tür mit dem Ellenbogen aufziehen, kurz reingehen, Tablett in die Ablage und wieder raus. Kurz noch die Hände desinfizieren. Eigentlich unnötig, aber ist irgendwie schon in Fleisch und Blut übergegangen. Manche der Gäste tragen sogar Latex-Handschuhe. Was für eine Menge an Müll!

Eigentlich müsste man seine Masken auch regelmäßig wegwerfen. Noch mehr Müll, aber wer macht das schon? Manche haben die Masken auch nur unters Kinn geklemmt. Wenn sie irgendwo rein müssen, dann ziehen sie den Lappen einfach hoch. Möchte nicht wissen, wie voll mit Viren und Bakterien so manche Masken sind. Und ob man mit einer Maske vor der Nase genügend Sauerstoff einatmen kann oder zu viel selbst ausgeatmetes CO2 inhaliert, was ja auch nicht sehr gesund ist, das möchte ich hier mal offen lassen.

Maske, ja oder nein? Zumindest der Arbeitsschutz hat genaue Bedingungen. Nach 75 Minuten hat man die Maske abzunehmen und frische Luft einzuatmen. Die Freundin vom Sohn meint, das wäre betrieblich gar nicht möglich, sie ist Intensiv-Krankenschwester.

28. Mai 2020: Unsere Einflüsterer haben sich etwas Eigenartiges ausgedacht: Man hat uns erlaubt, wieder Cafés und Restaurants zu besuchen. Auch drinnen. Aber so richtig Spaß soll es uns wohl nicht machen dürfen, schließlich soll die Stimmung nicht zu gut werden und wir irgendwann die Lust verlieren, uns die Spritze zu holen. Also Maske: Wenn man reingeht, etwas bestellt, an den Tisch geht. Kommt dann das Essen oder Trinken oder Beides, dann darf man am Tisch den Mund-Nasen-Schutz abnehmen. Will man zum Klo, erneut zur Verkaufstheke oder wieder den Ort verlassen: Wieder den Maulkorb aufsetzen!

Wie unlogisch, wie verrückt ist denn das? Inzwischen weiß man doch, dass die Übertragung fast ausschließlich über Aerosole, also die Atemluft übertragen wird. Und man weiß auch, dass man eine ausreichend große Menge an Viren einatmen muss, bevor es gefährlich wird. Gesprochen wird von etwa zehn Minuten. Ob das nun wirklich stimmt?

Man hat also beim Herumgehen die Maske auf, in einer Situation, in der man nur schnell an anderen vorbeigeht, wobei die dort Stehenden oder Sitzenden nur eine kleine Menge (wenn überhaupt) abkriegen. Setzt man sich hin, so darf man die Maske abnehmen. Das heißt, man nimmt in einer Situation die Maske ab, in der man lokal Viren ausatmen kann, gesetzt den Fall, man ist infiziert. Man atmet also eine Virenwolke um sich herum aus, füllt diese mit jedem Ausatmen immer mehr auf und irgendwann sind so viele Viren um die am Tisch Sitzenden im Umlauf, dass das Gegenüber immer mehr von den Viren mit einatmet.

Merke: Auch diese Entscheidung ist falsch!!

Und falsch war vor allem dieser ewig lange Lockdown! Wenn wir davon ausgehen, was die Aerosol-Forscher herausgefunden haben, dass Ansteckungen zu 99,99 Prozent in Innenräumen stattfinden, dann haben die verordneten Maßnahmen unserer Politiker, die sich augenscheinlich immer wieder mit Fachleuten umgeben, die (gelinde gesagt) eigenartig erscheinen, die Infektions-Situation eher deutlich beschleunigt, denn verringert. Denn was passiert, wenn man die Menschen zwingt, zu Hause zu bleiben? „Stay at home!" Manche haben an ihren Balkonen sogar kleine Banner hängen mit: *„We stay at Home."* Verrückt. Denn zu Hause wird wohl kaum auf Abstand geachtet, wird wohl kaum eine Maske auf dem Sofa getragen und wird wohl auch kaum jede halbe Stunde effektiv gelüftet. Das heißt, ist jemand in der Familie corona-positiv, dann werden es nach wenigen Tagen alle sein. Und wenn dann noch einer der Eltern arbeitet, dann steckt er (sie) auch noch Kolleginnen an. Ähnliches beim Einkaufen.

Oder andersrum: Jemand bringt von außerhalb das Virus mit und verbringt ansonsten den ganzen Tag mit seiner Verwandtschaft zu Hause, dann geht das Virus wieder reihum. Was wäre richtig gewesen? Man hätte den Leuten sagen müssen: Bleibt so viel es geht in der frischen Luft, geht nur nach Hause, wenn es nicht zu vermeiden ist. Am besten auch noch in getrennten Zimmern schlafen. Ständig drinnen die Masken tragen, sie immer mal wechseln, ständig lüften und sich aus dem Weg gehen. Und immer wieder rausgehen. Auch dort auf Abstand achten – vor allem aber: Selbstverantwortung vermitteln für die Eingrenzung von Ansteckung.

Mal abwarten, wie das übrigens mit der Menge der Gäste hier in einer Woche aussieht, jetzt ist ja der Monat fast zu

Ende und mir erzählte mal ein Verkäufer, dass man an der Zahl der Belegung ablesen könne, welche Phase eines Monats gerade herrscht. Anfangs haben die Leute Geld, dann beginnen sie, es auszugeben und gegen Ende des Monats wird's knapp. Nun gut, diese Probleme habe ich zum Glück nicht. Aber ich denke, es gibt auch viele, die trotzdem mit Geld besser umgehen können. Wozu braucht man ständig ein neues Handy, wofür muss man ständig irgendwas bestellen? Die Seele wird mit sowas jedenfalls nicht zufriedener.

29. Juni 2020: Inzidenz bei 4 – vier auf Hunderttausend und das innerhalb von sieben Tagen – man kann sich nur aufregen. Oder verzweifeln.

4. Juli 2020 (Samstag): Nachdem der Großteil der Beschränkungen aufgehoben wurde, das Wetter weiterhin nur sonnig und warm ist, die Urlaubssaison begonnen und die Politik anscheinend verstanden hat, dass wir bei weiteren Quarantäne-Maßnahmen das Finanzsystem total gegen die Wand fahren, wird man mit Bildern von komplett überfüllten Stränden in Brasilien geängstigt. Und man reagiert nach dem Motto: Hilfe, hier wird die nächste Welle mit Infektionen vorbereitet! Denn dort ist gerade Winter …
Aber zeigen die Fotos tatsächlich die Wirklichkeit oder ist es auch eine Frage der Perspektive? Und ist es nicht heilsamer, gemeinsam am Strand mit anderen zu liegen, als sozial isoliert oder im Familien-Milieu zu Hause auf engem Raum rumzusitzen? Viele Verstorbene durch Lungenembolien hätten vermutlich verhindert werden können, wenn sie sich regelmäßig an der frischen Luft bewegt hätten, statt drinnen rumzusitzen und den Fernseher anzustarren. Hat also die Politik mit ihren Ausgangsbeschränkungen indirekt dafür gesorgt,

dass die Zahlen und insbesondere die Todeszahlen angestiegen sind? 40.000 Infizierte in den USA an einem Tag! Liegen die jetzt alle in Krankenhäusern? Wie viele davon sind asymptomatisch - also im Prinzip gesund, haben also nur einen positiven Test?

Einsame, isolierte Menschen haben zumeist ein deutlich schwächeres Immunsystem als andere, die sich bewegen. Im Rückblick fällt mir auf, dass ich ab März einen deutlich erhöhten Bewegungsdrang in mir verspürt hatte. Meiner Frau war es ähnlich gegangen. Wir hatten die Waldwege so oft durchwandert, dass wir jedes Detail kannten. Zufall oder innere Stimme?

Und noch ein Rückblick: Im Magazin ‚Der Spiegel' hatte ein Foto mit komplett überfüllten Stränden in Brasilien die Aufmerksamkeit erregt. Ja, sind die denn verrückt? Hatte es in etwa geheißen. Und der Spiegel-Journalist zeigte mit dem ausgestreckten Finger auf das unverantwortliche Brasilien, das ja zusätzlich dazu auch noch von dem sogenannten Corona-Leugner Bolsonaro regiert wird. Und dann liest man ein paar Wochen später im Netz, dass kritische Leute den Fotografen des Fotos ausfindig gemacht hatten. Und er war gefragt worden, wann er wohl dieses Foto aufgenommen habe, was für so viel Verwirrung und auch Unverständnis gesorgt habe. Und er meinte: 2018! 2018 – also gar nicht in der Corona-Phase! Spätestens jetzt wird es Zeit, aufzuwachen ...
Uns werden Fotos gezeigt, die unsere Erregung bewirken und dann bekommt man mit, dass es sich hier um eine gezielte Täuschung der Leser gehandelt hatte. Warum? Ja, warum wohl?

1. August 2020 (Samstag): Ich bin beseelt und begeistert. Gigantisch viele Teilnehmer auf der Groß-Demo in Berlin. Es wirkt wie ein Happening bei den Hippies. Für eine halbe Million würde ich meine Hand ins Feuer legen. Alles freundliche und friedliche Teilnehmer. Ich denke, da hat sich der Berliner Innensenator ganz schön verschätzt. Von ihm wurde vorher in verschiedenen Zeitungen geschrieben, man würde von etwa 20 bis 22.000 Teilnehmern ausgehen. Der Umzug startete in der Friedrichstraße und ging dann im großen Bogen bis zur Hälfte der Straße des 17. Juni. Ich bin mal stehen geblieben und habe den Zug an mir vorbeigehen lassen.

**Endloser Demonstrations –
Zug durch die Friedrichstraße**

Bin dann gleich zur Bühne. Die haben eine supermoderne Bühne und eine Vielzahl von Lautsprechertürmen plus Leinwände auf der Straße installiert. Auch einen Kilometer entfernt von der Bühne können die Leute alles mitbekommen. Habe Bodo Schiffmann aus zwei Metern Abstand begrüßt.

3. August 2020: Jetzt habe ich es am eigenen Körper erlebt. Mit dem Wohnmobil stand ich drei Tage auf dem Camping-Platz Plötzensee. Alles voller Wohnmobile, überall Hinweise auf Demo-Teilnehmer. Die Zeitungen hatten den Berliner Innenminister bekanntlich vorab zitiert, er würde mit bis zu 22.000 Teilnehmern rechnen. Und es hätten sich eine Menge

Blick über die Massen auf der Groß-Demo in Berlin am 1. August 2020 für die Aufrechterhaltung der Grundrechte – auf der anderen Seite von der Bühne standen mindestens noch mal genau so viele Menschen

Rechter angekündigt. Komisch, von denen habe ich nichts mitbekommen. Im Gegenteil: So wie ich das beobachtet habe, alles gutbürgerliches Publikum vom Arzt bis hin zum Busfahrer, vom Psychotherapeuten bis zur Arzthelferin.

Die Teilnahme war berührend bis euphorisch. Tolle Menschen, was ich sah, gut informiert und deshalb in Sorge. Eine bunte Mischung wie auf einem Hippie-Happening. Der Umzug flanierte über anderthalb Stunden am Friedrichstadt-Palast vorbei. Hier hatte ich mich postiert für Aufnahmen. Dann etwas die Runde abgekürzt und bin bei den ersten ein- bis zweitausend Leuten gewesen, die an der Bühne inmitten der Straße des 17. Juni ankamen. Ich stand also direkt vor an der Abzäunung, fünf Meter zur Bühne. Die haben sich extrem große Mühe gegeben und extrem technisch aufgerüstet. Von wegen, alles Rechte und Antisemiten! Der Erste, der auf der Bühne erschien, war ein Schwarzer. Total lustiger Einpeitscher. Sang, hüpfte, wies auf die unendliche Menge an Teilnehmern hin, die langsam herbeiströmte. Ein Schwarzer auf einer Neo-Nazi-Versammlung? Wer soll denn so was glauben? Hier waren keine Rassisten. Alles tolle Leute, tolle Stimmung. Bis die Polizei dann gegen 16 Uhr meinte, die Vorschriften

würden nicht eingehalten. Keine Masken, kein Abstand. Aber wozu Masken bei 32 Grad und strahlendem Sonnenschein. Kein einziges Virus hätte hier eine Chance sich zu verbreiten. Außerdem, die Inzidenz lag bei 3! Als die Polizei massiver wurde, bin ich abgehauen, keinen Bock auf Gewalt. In Richtung Brandenburger Tor habe ich gesehen, dass dort eine Polizeisperre aufgebaut worden war. Keiner durfte aus dieser Richtung mehr weiter in Richtung Demo. Die Schätzungen zur Teilnehmerzahl begannen bei 300.000 und manche gingen bis 800.000. Die Straße war ähnlich voll wie bei Open Viewings bei Fußball-Übertragungen oder bei anderen Großveranstaltungen wie Wiedervereinigungs-Jubiläen.
Dann am Tag drauf der Schock. In den Zeitungen schrieben sie von 22.000 Teilnehmern. Ein Witz? Geplanter Zufall? Genau die Zahl, die der Innenminister am Tag zuvor erwartet hatte. Was spielen die Medien hier für eine eigenartige Rolle? Besonders das Spiegel-Magazin: Da war schon online um 13:30 gemeldet worden, dass die Demo vorbei sein sollte. Hätte man sich darauf verlassen, wäre man gar nicht mehr losgegangen. Obwohl die Vorträge auf der Bühne erst offiziell um 14:30 hätten beginnen sollen. Ich bin mir absolut sicher, dass die Zahl der Demonstranten gigantisch höher gelegen hatte. Allein, wenn ich die Zahl mit einem ausverkauften HSV-Stadion von knapp 60.000 vergleiche. Hier waren es zigmal mehr Menschen. Halbe Million mindestens, eher noch mehr.
In den Medien erkenne ich jetzt aus eigener Erfahrung: Diffamierungen, Falschdarstellungen, keine neutralen Berichterstattungen, eher Bewusstseins-Lenkung und Agitation – ich komme mir vor wie in einem anderen Land. In einem Land, das über Nacht ein anderes geworden ist. Warum? Vielleicht

wird das eines Tages mal rauskommen. Ich habe zumindest am eigenen Körper erlebt, dass die Wahrheit hier ganz einseitig verbogen und Daten falsch dargestellt wurden. Von 20.000 Teilnehmern*innen zu sprechen ist, gelinde gesagt, eine Frechheit. Gezielte Volksverdummung.

Allerdings durchschaut man inzwischen das System; denn, schafft es mal jemand, einige Ungereimtheiten aufzudecken, sofort setzt eine Hetze gegen diese Leute ein und bezahlte Gruppierungen, wie Correctiv, Faktenchecker, Mimikama oder Volksverpetzer finden „Fakten" und veröffentlichen sie im großen Stil, warum die Leute, die die Wahrheit hinter der Wahrheit herausgefunden haben und sie zu publizieren beginnen, Fake-News produzieren. Man kann also leider nur noch das glauben, was man mit eigenen Augen gesehen hat. Ein Hauptgrund für das Tagebuch.

„Wir leben in einer Medien-Wirklichkeit und denken, dies sei die Wirklichkeit."

**Rachenabstrich vorm Gesundheitsamt im Schutzan-
zug und Beteiligung der Bundeswehr**

3

Impfen was das Zeug hält

*„Es kann ja wohl nicht angehen, dass es sich bei
Impfungen um russisches Roulette handelt, bei
dem man nicht weiß, wie es ausgeht."
(Wolfgang Kubicki, FDP, Sommer 2021)*

Der erste Angstschock traf mich im März 2020 – einige Wochen später kam es noch schlimmer. Appelle an die Eigenverantwortung der Menschen, Hinweise zur Förderung von Gesundheit sowie Tipps zur Stärkung des Immunsystems – nichts davon kam in den offiziellen Medien vor. Stattdessen: Impfen!

Man konnte sich gar nicht so schnell wundern, wie das ging. Plötzlich redete alles über ‚unsere einzige Chance'. Impfung übernahm fortan die Hauptrolle. Aber hallo! Woher wussten plötzlich alle Politiker und Journalisten, dass dies der einzige Weg sein würde? Ich zumindest fühlte mich entmündigt, mir meiner eigenen Kompetenzen beraubt. Zumindest wie dies alles herbeigeredet wurde.

Dabei gab es ja noch nicht mal annähernd einen Impfstoff, geschweige denn jahrelange Testverfahren und Analysen, ob ein möglicher Impfstoff wirklich immun machen würde; noch wichtiger, ob er auch keinen kurz-, mittel-, wie langfristigen Schaden anrichten würde.

Eigene Vorsorge, Achtsamkeit, gesunde Ernährung und Lebensführung – unwichtig. Also Steuer hart backbord und schnurstracks aufs Impfen drauflos. Stark befeuert durch Bill Gates, der im April länger als neun Minuten im Fernsehen erstaunlich viel Werbung dafür machen durfte. Covid-19, mit Sicherheit eine ernstzunehmende Krankheit, aber mir machte die Aussicht auf eine möglicherweise drohende Zwangsimpfung deutlich mehr zu schaffen.
Bundesgesundheitsminister Jens Spahn, 18.11.2020:

„Auch wenn das in den sozialen Medien anders behauptet wird. Ich gebe Ihnen mein Wort: Es wird in dieser Pandemie keine Impfpflicht geben.“

Nun gut, Spahn gab Entwarnung. Viele anerkannte Fachleute sprachen sich eindeutig gegen das Impfen mit potenziell genmanipulierenden und kaum getesteten Impfstoffen aus. Jedoch forschten auf der ganzen Welt über hundert Unternehmen an der Herstellung von Impfstoffen, unterstützt mit gigantischen Milliardenbeträgen der Investoren. Was also würde anderes zu erwarten sein, als dass jeder verfügbare Mensch die Spritze haben müsste. Was mir bleib: Ich hoffte auf ein Wettrennen, bei dem die Pandemie schneller zu Ende gehen würde, als dass ein Impfstoff zur Verfügung stünde.
Deutschland im August 2021. Der SPD Kanzlerkandidat Olaf Scholz, der als Erster aller Parteien schon besonders früh seine Kandidatur angekündigt hatte, jedoch monatelang weit zurücklag, gibt seine Haltung mit einem zukunftsträchtigen Satz zu Protokoll:

„Wir haben jetzt keine Impfpflicht und wollen sie auch nicht einführen.“

Ein Ausspruch, der totalen Gegenwind für die Bundeskanzlerin bedeutete; denn die hatte keinen anderen Ausweg als das Impfen zugelassen. Im Anschluss an einen virtuellen G7-Gipfel ein halbes Jahr vor der Feststellung von Scholz hatte sie noch zu verstehen gegeben, die Pandemie wäre erst dann vorüber, wenn alle Menschen auf der Welt geimpft seien. Mit anderen Worten: Also nie! Zumindest konnte man das daraus folgern. Denn alle Menschen auf der Welt sind eben alle Menschen auf der Welt. Aber wollte man tatsächlich jeden Menschen in jedem Land mit Gewalt mit einer Spritze beglücken? Vielleicht schon, denn es hatte Bundeskanzlerin Angela Merkel im Februar 2021 konkret so gesagt:
„Die Pandemie ist nicht vorbei, bevor nicht alle Menschen der Welt geimpft sind.“

Das Jahr 2021 beginnt mit einer Spaltung der Bevölkerung und wird es bleiben. Der Riss um die Frage, ob Impfung ja oder nein geht durch alle Bereiche der Bevölkerung, selbst Familien gehen ob dieser Frage stellenweise auseinander:
3. Januar 2021: Sie haben tatsächlich losgelegt. Und die Leute laufen ihnen die Bude ein. Viele scheinen derart verängstigt zu sein, dass sie sogar versuchen, sich vorzudrängeln.

25. Januar 2021: Hunderte von sogenannten Impfzentren sind inzwischen aufgebaut. Hier in Uelzen ist der gesamte Bereich sogar auch noch abgesperrt mit Bauzäunen. Zusätzlich gibt es Security. Auf den Parkplatz davor darf man nur rauffahren, wenn man einen offiziellen Impftermin hat. Ich fahre mit meiner Frau mal außen dicht dran vorbei – man fühlt sich wie ein Krimineller, der abgeschreckt werden muss. Kann man dort womöglich meine Gedanken lesen?

18. Februar 2021: Bei mir in der Praxis dreht sich fast alles nur um Corona. Ich habe mir auf den Schreibtisch einen Spickzettel gelegt mit den Begriffen ‚Zufriedenheit fördern‘ und ‚Selbstbewusstsein stärken‘. Das soll mir helfen, mich nicht ständig in Diskussionen um dieses negative Thema verstricken zu lassen. Die Menschen leiden, kommen damit nicht klar. Aber ich muss auch irgendwie klarkommen. Inzwischen taucht eine Mutation vom Virus auf. Delta. An so etwas hatte ich noch gar nicht gedacht. Wird davon berichtet, so wird nicht nur von der neuen Variante berichtet, sondern der Begriff wird jedes Mal auch noch mit den Begriffen ‚hochansteckend‘ und ‚noch gefährlicher‘ versehen.
Die Impfung würde auch hierfür funktionieren, so hieß es umgehend. War ja klar, etwas anderes konnten die doch gar nicht sagen. Sonst hätten sie ja gleich mit neuerlichen Forschungen und der Herstellung eines neuen und angepassten Impfserums einsetzen müssen. Also, passt schon! Und was nicht passt, das wird halt passend gemacht. Durch Überschwemmung mit gleichlautenden Nachrichten.
Aber hatte nicht der belgische Virologe Geert Vanden Bossche, der früher für Pfizer gearbeitet hatte, ganz eindringlich vor der Impfung gewarnt? Insbesondere, wo wir doch schon mitten drin sind in der Epidemie. Das Virus würde einen *„Escape“* versuchen und dem Impfstoff ausweichen. Was es so alles gibt. Man wird immer mehr zum Fachmann für Virologie …

26. Februar 2021: Mist, jetzt hat es mich erwischt. Ich bekomme einen Anruf vom Gesundheitsamt, dass eine Patientin vor drei Tagen positiv gewesen sei. Ich solle mich auf Quarantäne einzustellen.

27. Februar 2021: Ich habe rausgefunden, wer die Infizierte war. Sie meint, sie konnte nichts machen, man habe sie nach längerdauernden Kontakten in den letzten Tagen befragt.
28. Februar 2021: Ich versuche, die Quarantäne abzubiegen. Andersrum überlege ich mir: Wenn schon Quarantäne, dann gibt es wohl kaum eine andere Wohnsituation als die meinige. Eigenes großes Haus, drei Etagen, im Souterrain davon die Praxis, Garten und hinterm Garten gleich der Wald. Zur Not, wenn mir die Decke auf den Kopf fallen würde, könnte ich auch raus huschen.

1. März 2021: Trotz meines Einwandes, ich habe ein teures Antiviren-Killer-Gerät wie es diese Geräte auch in OP-Sälen gibt und dass diese Geräte 99,9 Prozent aller Viren und Bakterien aus der Luft filtern, so dass eine Ansteckung ausgeschlossen ist – Quarantäne! Erst wollten sie mich durchrutschen lassen, dann stellte sich heraus, dass die Patientin bereits die Delta-Variante hatte - also wirklich keine Chance.

3. März 2021: Zum Glück beträgt die Zeit nur eine Woche, da mein Kontakt inzwischen schon sieben Tage zurück liegt. 14 Tage ist die offiziell vorgeschriebene Zeit der häuslichen Quarantäne.

4. März 2021: Fieber messen, Anruf mit Gesundheitsamt erledigen und dann morgen zum offiziellen Testtermin.

5. März 2021: Wie beim Drive-In bei Mc Donalds. Bevor man sich auf die Wartespur vor dem Gesundheitsamt einfädeln kann, wird man von einem Soldaten herbeigewinkt. Ich bin froh über diesen Ausflug, ich habe jetzt schon die Schnauze voll von der häuslichen Absonderung. Auto für Auto rückt vor. Ich hatte kein Fieber, eher Untertemperatur. Vor der Abfahrt noch mal eine Nasenspülung mit Salzwasser und gegurgelt mit Listerine Cool Mint – da sollte nichts anbrennen. Bin mir total sicher, dass ich nicht krank bin.

Um die Ecke, der nächste Soldat winkt mich vor. Scheibe runter. Der Angestellte mit Stäbchen sieht aus wie ein Astronaut. Komplett in Plastik, inklusive Maske und Plexiglas vor den Augen. Testabnahme nur im Mund, dann Corona-App runtergeladen, meine Nummer eingetragen und weg. Ging leichter, als gedacht.

Aber wo ich schon mal draußen sein darf, will ich das auch nutzen. Hole mir einen Kaffee und was zu essen, mit Maske natürlich, weitem Abstand zur Verkäuferin. Die Bäckerei ist komplett leer. Klar. Wer will jetzt noch zum Bäcker, wo man sich sowieso nicht lange so wie früher aufhalten darf? Kurzer Stopp in einem Waldstück, Zeitung auf den Knien, Kaffee und Brötchen auf dem Armaturen-Brett und die Freiheit genießen – naja, genießen ist etwas anderes. Hoffentlich entdeckt mich niemand. Paar Schuldgefühle hat man schon. Ich wäge die Wahrscheinlichkeit ab, ob ich hier erwischt werden könnte. Aber dann müsste mich hier schon jemand sehen, der mich kennt und außerdem auch noch weiß, dass ich eigentlich wieder zu Hause sitzen müsste. Also unwahrscheinlich. Und anstecken könnte ich hier allein im Auto nun wirklich niemanden. Scheiß Angst!

7. März 2021: Ich hätte nicht gedacht, dass mir das mit der Quarantäne derart schwer fallen würde, trotz der optimalen Umstände. Keine Krankheitssymptome, tolle Wohnsituation und das Ganze auch nur eine gute Woche lang. Hatte auch noch zwischendurch einige Video-Sitzungen mit Patienten. Bin froh, jetzt wieder unters Volk zu dürfen. Nun gut, rausgehen ist relativ. Auch draußen ist alles trostlos. Schon so lange Lockdown, aber rausgehen ist immer noch besser, als drinnen sitzen zu müssen – auch wenn's nur zum Grillstopp oder zu Siggi im Stadtgarten privat geht. Aber wie müssen sich die anderen fühlen, die in Isolation geschickt werden? Insbesondere, wenn das länger dauert als bei mir und unter beengteren Umständen? Oscar in Italien musste zwei Wochen zu Hause in seinem Zimmer alleine verbringen und dann hat man auch noch Schiss, dass das Freitesten misslingt.

8. März 2021: Bin wieder frei – sogar ohne Freitesten. Habe den Arzt im Gesundheitsamt am Telefon solange vollgetextet, mit symptomlos, medizinischem Virenkiller zu Hause, Untertemperatur, meinen Patienten, bis er sich geschlagen gab und meinte, ich müsse morgen nicht mehr zum PCR-Test im Gesundheitsamt kommen. Das hätte mir noch gefehlt, schlimmstenfalls hätte ich auch noch das Pech mit einem falsch-positiven Ergebnis gehabt und einige Tage Nachschlag bekommen. Wir wissen, dass bis zu zwei Prozent der PCR-Ergebnisse positiv anzeigen, obwohl kein Infekt vorliegt. Das kann an Verschmutzungen, überlasteten Mitarbeitern oder einer Falschauswertung liegen.
Überhaupt, dieser PCR-Test. Er kann das Corona-Virus sowieso nicht direkt nachweisen. Und trotzdem wird er in Talkshows von Maybrit Illner bis Anne Will als Goldstandard

hochgelobt. Ich hatte mal gelesen:

„Die Methode ist so empfindlich, dass sie ein einzelnes Erbmolekül dieses Virus nachweisen kann. Wenn ein solcher Erreger zum Beispiel bei einer Krankenschwester mal eben einen Tag lang über die Nasenschleimhaut huscht, ohne dass sie erkrankt oder sonst irgendetwas davon bemerkt, dann ist sie plötzlich ein MERS-Fall. Wo zuvor Todkranke gemeldet wurden, sind nun plötzlich milde Fälle und Menschen, die eigentlich kerngesund sind, in der Meldestatistik enthalten."

Man mochte es kaum glauben, aber dieses Zitat entstammt dem Chefberater der Bundesregierung Christian Heinrich Maria Drosten und wurde im Mai 2014 in der Wirtschaftswoche abgedruckt. Es bezog sich auf das Coronavirus MERS (Middle East Respiratory Syndrome), das damals auf der arabischen Halbinsel grassierte. Nun kann man sich als Wissenschaftler zwar täuschen, man kann auch seine Meinung korrigieren, aber er hat-

Infektionen Intensivbetten Sterbefälle

Was taugen die Corona-Zahlen wirklich?

Berlin – Nach diesen drei Corona-Kennzahlen entschieden Bund und Länder über den Lockdown: gemeldete Infektionen, belegte Intensivbetten, Corona-Sterbefälle.

Aber was taugen diese Corona-Zahlen wirklich?

▶ Eine Untersuchung von Forschern der Uni Duisburg/Essen zeigt: Ein positiver **PCR-Test** sagt NICHTS darüber aus, ob ein Mensch auch ansteckend ist. Deshalb sollte die bloße Anzahl der Personen, die positiv auf Corona getestet wurden, „nicht als Grundlage für Pandemiebekämpfungsmaßnahmen, wie Quarantäne, Isolation oder Lockdown, benutzt werden".

▶ Gesundheitsminister Jens Spahn (41, CDU) bezeichnete die **Intensivbetten-Belegung** noch im April als „härteste Währung der Pandemie". Mittlerweile ist klar: Bereits seit Januar wusste die Regierung Bescheid, dass viele Kliniken weniger freie Betten meldeten, um mehr Staatsgeld zu kassieren (BILD berichtete).

▶ Selbst die **Corona-Todeszahlen** sind nicht komplett zuverlässig. Das Robert-Koch-Institut (RKI) bestätigte auf BILD-Anfrage, nicht genau zu wissen, wie viele der Menschen *an* Corona starben, wie viele *mit*.

Virologe und Epidemiologe Klaus Stöhr (62) findet auch die Sterberate „anfällig" für Tricksereien: Trotz „bester Intensivbettenkapazität" verzeichne Deutschland in den vergangenen Monaten höhere Corona-Todeszahlen als viele andere Länder.

Der „untaugliche" Inzidenzwert sowie die „manipulierte" Intensivbetten-Belegung machen für Stöhr klar: Deutschland braucht andere, zuverlässige Corona-Kennzahlen!

te damals genau das kritisiert, wofür er seit Anbeginn der Covid-19-Phase landauf landab von kritischen Stimmen selbst wiederum kritisiert wurde und wird. Denn er selbst war es, der zu Beginn von 2020 diese Polymerase-Kettenreaktion in Absprache mit China zum Nachweis einer Covid-19-Erkrankung festgelegt hatte. Wie schräg ist hier alles und vielleicht auch korrupt? Zum Glück gibt es noch Fachleute wie den Epidemiologen Klaus Stöhr, der ,Tricksereien' moniert. Denn man kann das Ergebnis manipulieren, indem man von oben (den Meinungsmachern in der Regierung) vorgibt, wie viele Vervielfältigungen gemacht werden sollen. Ich habe lange gebraucht, um zu verstehen, was da gemacht wird. Anfangs dachte ich, dass jeder Abstrich ein PCR-Test ist, jetzt spricht man von PCR-Tests und Schnelltests im Unterschied. Ein PCR-Test kann nur in Laboren vorgenommen werden. Grob vereinfacht funktioniert die Polymerase-Chain-Reduction wie folgt: Es wird ein winziges Bruchstück der RNA so lange vervielfältigt, bis es ein Signal als Resultat gibt. Je mehr Zyklen nötig sind, um zu einem positiven Testresultat zu kommen, desto geringer musste die Menge der Ausgangssubstanz gewesen sein – oder anders gesagt, desto kleiner war die Virenlast. Es gab bereits viele Skandale, aber es ist schon eine besondere Sauerei, dass nicht bei jedem positiven Testergebnis auch gleich wie automatisch der CT-Wert genannt wird. Denn, liegt der CT-Wert höher als 28, dann hat die Testperson so derart wenig krankmachende Viren in sich, dass man gar nichts zu unternehmen bräuchte. Sie ist dann ganz einfach gesund. Aber je tiefer der CT-Wert stattdessen liegt, umso virenverseuchter ist jemand, wenn man's umgangssprachlich ausdrücken will. Ich würde ja zu gern wissen, wo die Mehrzahl der CT-Werte bei unseren positiv gezählten Corona-Fällen liegt. Aber sie machen es nicht – sie nennen die Werte nicht. Bleibt nur die Vermutung, dass viele CT-Werte harmlos waren, dass man das aber nicht gesagt hat, um die Angst in der Bevölkerung hoch zu halten. Warum? Um eine positive Haltung zum Impfen zu erzeugen und dauerhaft aufrecht zu erhalten. Das Narrativ heißt bekanntlich von Beginn an Impfen!

2. April 2021: Deutschlands Inzidenz liegt bei 140, die in Uelzen bei 85. Es riecht trotz allem langsam aber sicher nach Lockerungen. Die ganzen verschärften Maßnahmen inklusive Lockdown laufen jetzt schon mehr oder weniger über ein halbes Jahr. Wo soll das enden? Es wird bei uns wie in der Mehrzahl der Länder geimpft was das Zeug hält. Ausnahme Afrika. Hier sind die Inzidenzen komischerweise viel tiefer als bei uns. Was läuft bei uns falsch?

23. April 2021: Es kursiert eine israelische Studie. Israel: Neben Chile der augenblickliche ‚Impfweltmeister.‘ Dort zeigt die Untersuchung, dass relativ oft Herzmuskelentzündungen bei Geimpften vorkommen. Na, hatte ich mir das doch gedacht. Erst ging es nur um große Fragezeichen beim Impfstoff von AstraZeneca, der inzwischen langsam vom Markt verschwindet und von Biontech abgelöst wird, jetzt zeigen auch die mit Biontech Geimpften mehr und mehr Auffälligkeiten. Ich hoffe nur, dass sich möglichst viele gegen die Spritze entscheiden und dass man nicht dazu verpflichtet werden kann.

28. Juli 2021: Söder meint im ZDF: **„Wenn wir 85 Prozent erreicht haben, können wir alle Maßnahmen abschaf-**

fen". Wieder so eine unklare Aussage. Er meint höchstwahrscheinlich 85 Prozent der über 65-jährigen, die es zu impfen gilt. Das ist jedoch schon längst erreicht. Allerdings nur mit der ersten Spritze. Meint er womöglich, zweimal geimpft? Oder vielleicht noch öfters. Und denjenigen Politiker möchte ich mal gern sehen, der diesen Prozess jetzt abschafft. Insbesondere, wo schon so viel Profit mit Masken, Tests, Schutzkleidung und Impfungen gemacht wurde. Da müsste jemand schon ganz schön ,dicke Eier' haben, wenn er dem Spuk ein absolutes Ende setzen würde. Vielleicht könnte das der Kubicki von der FDP, aber ansonsten sehe ich eher nur Scharfmacher. Überhaupt FDP; vor Jahren dachte ich mal, man könne sie so langsam abschaffen. Aber jetzt bekommen sie mit ihrer Gewichtung auf Freiheit eine ganz neue Relevanz.

19. August 2021: Kinder, die in den Klassen diffamiert und ausgegrenzt werden, weil sie (noch) nicht geimpft sind, müssen extrem viel aushalten. Ich bewundere die wenigen, die das durchhalten. Lehrer lassen ihre Ängste durch moralisch-sublime Äußerungen an den Schülern aus, warum man sich noch nicht habe impfen lassen. Ungeimpfte müssen sich vor Ort testen, die tollen Geimpften gehen locker durch. Man geht davon aus, sie seien keine Gefahr. Beziehungsweise, von ihnen würde keine Gefahr für sich und andere ausgehen. Aber haben die Lehrer immer noch nicht kapiert, dass auch Geimpfte das Virus an andere weitergeben können, genau wie die Ungeimpften? Da gibt es keinerlei Unterschiede.

2. Oktober 2021: Nach Astra gerät auch das amerikanische Moderna zusehend in die negativen Schlagzeilen. Bin froh,

dass ich noch nicht zu der Gruppe von Menschen gehöre, die sich unbedingt impfen lassen sollten. Aber die Altersgrenze rückt näher!! Die skandinavischen Staaten verbieten inzwischen die Impfung mit Moderna bei jungen Leuten.
Überhaupt gibt es zum Teil erbitterte Diskussionen um die Impfungen. Sogar der Ex-Präsident des deutschen Verfassungsgerichts Hans-Jürgen Papier geht massiv auf Konfrontationskurs. Man hat Hoffnung, dass man um die Spritze drum rum kommt. Ähnlich wie es auch bei vielen Patienten der Fall ist. Aber wer weiß, wie das mit der Delta-Variante weitergeht.

8. Oktober 2021: Trotz Impfungen werden immer mehr Menschen krank durch das SARS-CoV-2-Virus. Wozu impft man sich denn? Hieß es nicht, um Erkrankungen zu vermeiden und zusätzlich andere vor Ansteckung zu schützen?

20. Oktober 2021: Valneva betreibt jetzt intensive Forschung. Im Gegensatz zu Moderna und Pfizer ist das keine Gentherapie, sondern eher ein Totimpfsoff. Klingt brutal, ist aber eine sehr ähnliche Methode, wie man es früher gemacht hat.
Ständig wird gehetzt, es würden sich zu wenige Personen bei uns impfen lassen und dann kommt in einer Studie heraus, dass mindestens 1,5 Millionen Impfungen zu wenig gemeldet wurden. Deutschland, immer mehr eine Bananen-Republik!
Die Regeln ändern sich von Woche zu Woche und auch von Bundesland zu Bundesland. Wer sich nicht ständig damit beschäftigt, weiß gar nicht mehr, was er machen muss.
Selbst Spahn, der Abgewählte, wusste kurz vor der Wahl nicht mehr, wie die Rechtslage bei Biontech war. Er behaup-

tete vor Schülern, der Impfstoff habe eine endgültige Zulassung. Stimmt nicht, es gab nur eine ‚bedingte und zeitlich begrenzte Zulassung‘.

15. November 2021: Ich höre von einem Todesfall bei einer Angehörigen eines Patienten, zwei Tage nach der Impfung!! Und in den Medien spricht der neue Gesundheitsminister Lauterbach davon, wir hätten nur noch eine Pandemie der Ungeimpften. Andere pflichten ihm bei. Schluck – einen größeren Vorwurf kann man uns ja wohl gar nicht machen. Jetzt sind wir schuld daran, dass die Zahlen nicht runtergehen. Im Gegenteil, sie gehen hoch. Und das trotz 2G, 3G und zum Teil sogar 2G plus Test. (2G+)

22. Dezember 2021: Ich lese in einem Artikel, dass im zurückliegenden Jahr 2021 mindestens 183 Profifußballer und Trainer plötzlich beim Sport zusammengebrochen seien – Dunkelziffer mit Sicherheit noch höher. Und 108 seien davon im Bereich der FIFA im Endeffekt gestorben. Der Artikel spricht von Impf-Mafia. Die Zahl sei fünffach so hoch wie früher. Es darf angenommen werden laut der Zeitung, dass diese Zusammenbrüche eindeutig mit dem Einsetzen der Impfungen zusammenhänge. Sie seien mit den ‚Lebensrettern‘ eng assoziiert.

2 . Januar 2022: Die Inzidenzen gehen ganz schön hoch. USA 1.082, Spanien 1.572, England 1.873, Australien 833 (und die hatten dort sogar einen achtmonatelangen Komplett-Lockdown mit Einreiseverbot für jeden!!)

12. Januar 2022: Es kommt ein unglaublicher Skandal ans

Licht. Zumindest erfahren diejenigen davon, die sich regelmäßig in sogenannten alternativen Medien umschauen. Manches ist Mist, was man findet, aber es gibt auch sehr viele sehr ernstzunehmende Berichte.

Und so kam durch amerikanische Datenanalytiker heraus, dass die Chargen von Biontech/Pfizer unterschiedlich in ihrer Zusammensetzung – also unterschiedlich giftig sind. Wordpress schreibt, die Menschen werden in großem Stil als Versuchskaninchen missbraucht, ohne davon Kenntnis zu haben. Versuchskaninchen? Hatte nicht Olaf Scholz vor den Bundestagswahlen irgendwann auch diesen Begriff verwendet?

Bei Analysen der amerikanischen Datenband des Meldesystems für Verdachtsfälle unerwünschter Wirkungen von Impfstoffen (WAERS) sei Erschreckendes zu Tage getreten: Einzelne Chargen bergen eine bis zu 3.000-fache Wahrscheinlichkeit in sich, an einer Herzmuskelentzündung zu erkranken, beziehungsweise zu sterben. Das heißt, dass die Gen-Spritzen zum Teil eine Gift-Substanz enthalten, von der die Impfwilligen nichts ahnen.

Es wurden sogar die Chargen-Nummern genannt, die diese gehäufte Gefahr enthalten. Zur Zeit der Veröffentlichung der Ergebnisse habe es 23 unterschiedliche Chargen gegeben. Und wer wolle, könne anhand der Code-Nummern der Chargen herausfinden, ob man selbst davon betroffen sei. – Natürlich nirgendwo etwas in unseren Medien. Und wahrscheinlich auch nicht in Medien anderer Länder, zumindest nicht in den Ländern, die brav mitmachen bei diesem weltweiten Menschenversuch.

3. Februar 2022: Ich finde im österreichischen Wochenblick einen interessanten, aber insbesondere bedrohlichen Artikel. Es heißt: ‚Mysteriöse Sportler-Tode – immer mehr junge Sportler brechen plötzlich zusammen und sind tot'. Besonders häufig käme dies bei denjenigen vor, die auch die zweite Biontech Impfung mit Comirnaty oder Moderna bekommen hätten. Entzündungen des Herzmuskels und des Herzbeutels. Besonders würde es die zwölf- bis fünfzehnjährigen Jungen treffen. Und endlich mal eine größere Zeitung, die sich etwas Kritisches traut. Überschrift: ‚Stich-Zwang ist ein Verbrechen'!

2. März 2022: Es gibt immer mehr psychologische Studien, dass die Maßnahmen extrem negative Auswirkungen auf die seelische Situation der Menschen haben. Die Suizid-Rate unter Kindern und Jugendlichen sei um 150 Prozent gestiegen.
Inzwischen gilt eine Impfpflicht für die Beteiligten im Gesundheitsweisen. Käme die Impf-Pflicht als Gesetz, dann wäre das schlimmstenfalls für mich ein Berufsverbot. Der eine Stempel wegen Johnson&Johnson aus Ende November reicht nicht mehr. Ich flehe die guten Geister und alle außerirdischen Helfer an, uns Rettung zu schicken. Ich habe einige Patientinnen, die echt Schiss wegen ihrer Arbeit haben – allerdings: England kippt die Vorschriften für die Impfung von Leuten im Gesundheitswesen. Die haben gemerkt, dass die Personaldecke dann wohl noch dünner werden würde, als sie jetzt schon ist. Denn wer sich bisher nicht impfen ließ, trotz gleicher Kampagnen wie in Deutschland, der wird sich jetzt auch kaum noch impfen lassen, eher in andere Berufe wechseln. Das ist wohl auch ein Grund, warum man unbedingt in Deutschland die Impfpflicht allgemein per Gesetz

vorschreiben will. Dann würden sich die Leute aus dem Gesundheitswesen nicht mehr verdrücken können, weil sie auch in anderen Berufszweigen eine Impfung verweisen müssten.

8. März 2022: Krieg in der Ukraine, Corona verschwindet langsam aus dem Mittelpunkt. Hatte ich nicht schon seit einem halben Jahr das Gefühl gehabt, dass der Corona-Spuk ab März bei uns vorbei sein würde. Sieht gut aus.

Plötzlich geben sich die Politikerinnen wieder die Hand, sogar Umarmungen sind im Fernsehen wieder zu sehen. Also, so schnell hätte ich das Ende der Sache nicht erwartet. Vielleicht war das Virus ja wirklich nicht so schlimm. Aber was mögen die Impfungen für Langzeitwirkungen haben? Und die Impfpflicht soll ja auch kommen!

9. März 2022: Ein Hoffnungsschimmer – Österreich hat die allgemeine Impfpflicht nach gerade mal zwei Monaten wieder ausgesetzt. Zu viel Widerstand. Wir sollten uns ein Beispiel nehmen. Aber bei uns geht die Polizei deutlich härter gegen Demonstranten vor. Selbst schuld!

21. März 2022: Ein weiterer ernstzunehmender Zwischenfall im Sport: Der italienische Rad-Europameister Sonny Colbrelli bricht nach dem Zielsprint auf der Katalonien-Rundfahrt mit Herzinfarkt zusammen und wird nur durch das schnelle Eingreifen von Ärzten vor Ort gerettet. Ein austrainierter Profi!

2. April 2022: Beim Tennisturnier in Miami konnten 15 Spieler*innen das Turnier nicht beenden. Entweder wurde die Teilnahme im Verlauf zurückgezogen oder sie gaben mitten in einem Spiel wegen Erschöpfung auf. Während des Viertelfinals mussten auch Paula Badosa und Yannik Sinner, beides Favoriten auf den Finalsieg, aufgeben. Die Zuschauer reagierten verärgert weil es so etwas noch nie gegeben hatte und fragten sich: *„Was ist hier los?"*

6. April 2022: Der nächste, sehr eigenartige Todesfall im Profisport. Der italienische Ex-Profi und Slalomspezialist Manuel Pescollderungg starb nach kurzer schwerer Krankheit ganz unerwartet im Krankenhaus von Bozen mit 41 Jahren.

7. April 2022: Der sehr bekannte und beliebte Bayern-Spieler Thomas Müller muss wohl inzwischen auch einiges vermuten oder spitzgekriegt haben, denn er rät allen seinen Followern, die Augen offenzuhalten und sensibel mit Schmerzen im linken Brustkorb umzugehen. Und man solle unbedingt jeden Herzinfarkt bei Sportlern umgehend melden und damit auf gar keinen Fall leichtsinnig umgehen.

11. April 2022: Ganz unerwartet starb nun auch der Schauspieler Uwe Bohm, bekannt aus vielen Krimis, an plötzlichem Herzversagen. Plötzlicher Herztod - warum kommt niemand auf die Idee, dass das nicht vielleicht mit dem Impfstoff zusammen hängen könnte.

12. April 2022: Ich bin immer bestrebt, mich fachlich weiterzubilden. Dazu gehört auch das Lesen von Studien. Eine passt wirklich gut (leider) in die gesamte Impf-Problematik hinein. Ein Text im Fachblatt The Lancet Respiratory Medicine bestätigt, was auch schon frühere Studien zu den Covid-Impfstoffen herausgefunden hatten: Das Risiko für Herzmuskel-Entzündungen für Menschen unter 30 Jahren, insbesondere für Männer und deutlich mehr nach der zweiten Impfung nimmt erkennbar zu nach einer Impfung; und das bei den RNA-Impfstoffen mehr als bei den anderen Corona-Impfstoffen. Man empfiehlt, zumindest Moderna nicht an Männer unter 30 Jahren zu verimpfen. Allerdings wird auch gleich wieder beschwichtigt, wie man es kennt: Die Gefahren der Impfung würden gegenüber einer Covid-Infektion deutlich zu vernachlässigen sein.

So etwas ist wirklich ärgerlich und unverantwortlich. Denn der allergrößte Teil junger Leute lässt sich schließlich nur die Genspritze geben, um die Freiheit zurück zu bekommen; nicht, um sich zu schützen. Die allerdings würden sie am wenigsten von allen Altersgruppen brauchen. Sie würden nämlich auch ohne (oder gerade wegen fehlender) Impfung kein Problem bei einer Corona-Infektion haben. Mensch Leute, fragt doch wirklich mal kritisch in der Bevölkerung nach!

13. April 2022: Die Arbeiten an meinem Buchtext waren für mich eigentlich abgeschlossen – schließlich muss man irgendwann einen Stopp festlegen, da kommt mir heute noch ein ganz wichtiges Video zugeflogen. Der Pathologe und emeritierte Professor Dr. Arne Burkhardt fasst hierin die Forschungsergebnisse zusammen, die er und Kollegen in monatelanger Tag- und Nachtarbeit herausgefunden haben. Wobei er meint, dass nicht nur er und seine sieben Kollegen an diesem Thema dran seien, sondern weltweit seien es inzwischen Dutzende von herausragenden Wissenschaftlern, die zu ähnlichen Ergebnissen kämen. Er schickt noch voraus, dass das, was er und die vielen fleißigen selbstlosen Fachleute herausgearbeitet haben, nicht mit einer herkömmlichen Obduktion vergleichbar seien, womit er sofort diejenigen

Obduktionen in Frage stellt, die vereinzelt nach plötzlichen Todesfällen aufgrund von öffentlichem Druck durchgeführt worden seien und jedes Mal zu dem Ergebnis kamen, dass der jeweilig untersuchte Todesfall nichts mit der Impfung zu tun gehabt hätte.

Tenor des Videos: Auch die Geimpften, die zunächst nichts merken, sind längst nicht auf der sicheren Seite. Hier die Abschrift des Videos von Pathologie-Professor Dr. Arne Burkhardt:

„Wir haben inzwischen eine neue Impfung, die im Grunde genommen eine Art Therapie darstellt und somit ein neues Wirkungsprinzip. Dass man unter den zunächst bedrohlich erscheinenden Aspekten eine schnelle Entwicklung und eine schnelle Umsetzung einer Impfung angestrebt hat, ist durchaus verständlich, was nicht verständlich ist, ist, dass man diese Impfkampagne praktisch unkontrolliert und ohne Kritik, ohne saubere Verlaufskontrollen durchgeführt hat. Nach der Einführung der Impfung wurden alle Nebenwirkungen und auch Todesfälle im Grunde beschönigt und verleugnet.

In Reutlingen haben wir inzwischen 40 Obduktionen und 6 Biopsien von Lebenden mit Schäden untersucht - die befinden sich alle in unterschiedlichen Stadien der Auswertung – aber auch unter Auswertung der vorläufigen Daten kommen wir zu ähnlichen Ergebnissen und auf einen Prozentsatz – ähnlich wie bei den Verstorbenen - bei denen die Impfung zumindest einen wesentlichen Beitrag im Sterbe- oder eben Erkrankungsgeschehen gespielt hat.

Was haben wir gefunden? In allen Organen, unter anderem auch im Gefäßsystem Herz und Gehirn von Menschen, die im zeitlichen Zusammenhang mit der Impfung gegen das

SARS-CoV-2-Virus plötzlich verstorben sind - überwiegend nicht im Krankenhaus und ohne Therapie wohlgemerkt, denn durch eine künstliche Beatmung hätte sich in den Körpern einiges verändert – haben wir also übereinstimmend Schäden gefunden, wie wir sonst bei toxischen Einwirkungen auf Organe finden. Und diese wurden von ungewöhnlichen Entzündungsreaktionen begleitet, und diese Kombination war im Einzelnen so ungewöhnlich und klar – von einer Qualität, wie sie noch nicht bisher beobachtet wurde.

In diesen entzündlichen Läsionen wohlgemerkt haben wir dann das verantwortliche Spike-Protein nachgewiesen und in diesen Fällen (ähm) ist der ursächliche Zusammenhang so gut wie bewiesen.

Diese 40 Verstorbenen von denen 80 Prozent eben in ursächlichem und zeitlichem Zusammenhang mit der Impfung verstorben sind, haben leider keine Chance, ihre verlorene Lebenszeit hysterisch oder tragisch von den Politikern einzufordern.

Aber es sind nicht nur die Toten, die hier betroffen sind und für die ja im Grunde genommen das Leiden ein Ende hat, in der Regel ein plötzlicher Sekunden-Tod - Herz- oder Gehirntodesfälle. Nein, es sind auch Lebende, die betroffen sind. Und anhand der Biopsien, die hier gewonnen wurden, können wir auch in vielen Fällen ausschließen, dass es sich um postmortale, also nach dem Tod aufgetretene empfindliche Läsionen Artefakte handelt.

Und ich möchte einen Fall vorstellen, einer Geschädigten, die noch am Leben ist, wo wir inzwischen eine Muskelbiopsie vorliegen haben, eine gut vierzig-jährige Frau, war bis vor Kurzem aktive Sportlerin, hat eine Impfung mit Comirnaty erhalten und danach schon bald erhebliche Beeinträchtigen erfahren, besonders Durchblutungsstörungen der Beine und wir sehen hier den Befund, wie die Füße denn aussehen, wenn die Durchblutung quasi ausfällt. Das ist dann mit Kribbeln und entsprechend mit Gehunfähigkeit verbunden.

Diese Muskelbiopsie wurde gut acht Monate nach der Impfung gemacht und wir sehen, das Spike-Protein kann unter Umständen sehr lange in den Körperzellen persistiert werden – wie lange am Ende, das wissen wir im Einzelnen noch nicht. Jedenfalls sind die entsprechenden Angaben der Hersteller so mit Sicherheit nicht zuverlässig. (…)

Ja, ich hab Ihnen diesen Teil gezeigt, weil es sich um eine lebende Geschädigte handelt, die im hochgradigen Maße durch diese Gefäßveränderungen gehbehindert ist und auch sie wird keine Möglichkeit haben, auf ihre Leiden durch einen Feixtanz im Reichstagsgebäude aufmerksam zu machen.

Als Pathologe ist man ja einiges an Grausamkeiten gewöhnt und man hat viel gesehen und man ist sozusagen abgebrüht. Aber schon beim ersten Durchgang unserer Präparate waren wir über die akuten und direkten Todesursachen, die wir im Mikroskop und teilweise auch im Makroskop gefunden haben, in höchstem Maße entsetzt. Wir sahen geplatzte Hauptschlagadern, zerfetzte Hirnarterien, wir sahen Zerstörungen von Herzmuskel und Gehirn und diese haben uns an die Grenze unserer Fassung gebracht. Aber noch schlimmer ist das, was wir dann sahen, nämlich die Dauerschäden. Die Dauerschäden, die unter Umständen eine Zeitbombe für die Träger, die unter Umständen diese Zeitbombe in sich tragen, und hierbei handelt es sich im Besonderen um Gefäßtextur-Störungen – also sowas wie ich es eben gezeigt habe, und dann auch gemehrt Autoaggressions-Erkrankungen, also

dass das Immunsystem den Körper selber betrifft. Und diese Erkenntnis hat uns also absolut entsetzt und schlaflose Nächte bereitet.
Die Leichen auf dem Obduktionstisch lügen nicht. Lymphozitäre Infiltrate und autoimmune Zellschäden sind in allen Organen nachweisbar.
An Herrn Lauterbach, verlassen Sie das Gedankengebäude in das Sie sich eingemauert haben!
Und als Schlusswort möchte ich sagen, es ist erschreckend aber es ist wahr: Das erste Opfer in einer Pandemie ist die Wissenschaft ..."
Leider finden sich auch jetzt wieder Posts und Veröffentlichungen, die diese hochverdienten Wissenschaftler zu diskreditieren versuchen. Das Schema ist immer das gleiche: Wenn bestimmten Machthabern etwas nicht in ihr Konzept passt, dann sorgen sie dafür, das……. Ach, lassen wir das!

„Wir müssen lernen, dass Macht nicht automatisch auch Recht bedeutet!"

4

Erfahrungen aus meiner Praxis

Es war Anfang 2021, da meinte mein Lungenfacharzt: *„Jetzt geht das mit den Impfungen los, ab Herbst beginnt das Sterben."* Oder vielleicht auch schon früher?

20. März 2021: Eine Patientin berichtet mir, dass eine Kollegin wenige Stunden nach der Impfung verstorben sei. Mitte vierzig, aktive berufstätige Altenpflegerin. Keinerlei vorherige Anzeichen einer Krankheit. Ich wette, selbst wenn sie obduziert wird, kommt nichts bei raus.

24. März 2021: War mir schon vorher klar, dass bei einer möglichen Obduktion nichts rauskommen würde. Schade, dass der Püschel vom Hamburger UKE inzwischen pensioniert ist. Dem hätte ich geglaubt, hätte er die Verstorbene untersucht. Aber leider ist er nicht mehr tätig. Falscher Zeitpunkt, um seine Berufstätigkeit zu beenden. Ich glaube, er stand kurz vor seinem 67ten Lebensjahr. Da muss damals vermutlich einer Menge von Leuten ein Stein vom Herzen gefallen, als er das Pensionsalter erreichte. Hatte ja für ganz schön viel Unruhe gesorgt, als er im Frühjahr 2020 meinte, keiner seiner obduzierten Menschen, die offiziell am Corona-Virus gestorben wären, sei wirklich und ursächlich an dem Virus verstorben. Immerhin hat er sein Wissen als Buch veröffentlicht.

10. Mai 2021: Eine junge Kollegin hatte sich Ende Februar mit AstraZeneca impfen lassen. Einen Tag später bekam sie

> Und wenn ihr euch nicht durch diesen nuklearen Irrsinn umbringt, werdet ihr die Welt durch euren ökologischen Selbstmord zerstören. Ihr demontiert das Ökosystem eures Heimatplaneten, behauptet aber weiterhin, dass ihr das nicht tut.
>
> Und als ob das nicht schon genug wäre, bastelt ihr auch noch an der Biochemie des Lebens selbst herum. Ihr befasst euch mit dem Klonen und der Gentechnologie mit viel zu wenig Sorgfalt. So kann sie nicht zum Segen für eure Spezies werden, sondern ihr droht die größte Katastrophe aller Zeiten daraus zu machen. Wenn ihr nicht aufpasst, werden sich eure nuklearen und ökologischen Bedrohungen dagegen wie ein Kinderspiel ausnehmen.
>
> Durch die Entwicklung von Medikamenten, die die Arbeit übernehmen, die an sich euer Körper tun sollte, habt ihr so resistente Viren geschaffen, dass sie locker eure ganze Spezies auslöschen können.
>
> Du machst mir hier ein bisschen Angst. Ist denn alles verloren? Ist das Spiel aus?

Auszug aus dem Buch „Gespräche mit Gott" (Donald Walsch), wo Gott eindringlich davor warnt, die Menschheit laufe Gefahr, sich durch Gentechnologie und resistente Viren selbst auszulöschen.
Der Text ist aus dem Jahr 1993 (!).

starke Kopfschmerzen. Hatte dies auf Migräne geschoben. Hatte immer der Medizin und den Ärzten vertraut. Jetzt tot und hier brachte die Obduktion ein Ergebnis: Thrombozytopenie - Blutungen in allen lebenswichtigen Organen.

25. Mai 2021: Nicht ganz ernstgemeinte Mail von mir an Dr. B.: „Wollte fragen, wie es dir geht, ob du noch lebst". Mein Arzt ist ziemlicher Impf-Befürworter. Wollte mich auch überzeugen, dass ich Verantwortung für andere übernehme, indem ich mich impfen lasse. Er ist ehemaliger Anästhesist, jetzt in eigener Praxis tätig. Habe mir ein paar Sorgen gemacht, dass er ausfallen könnte und ich meinen Behandler verlieren würde. Aber zum Glück ist er in Ordnung – trotz AstraZeneca. Vielleicht haben ihm ja Kinesiologie und andere Komplementär-Verfahren geholfen.

17. August 2021: Kerstin (meine Schwester) wurde auch geimpft mit Astra – steht auch voll dahinter. Es geht ihr zum Glück gut. Vielleicht spinne ich. Aber die Informationen auf Servus TV über Norwegen und auch Österreich, wo sie inzwischen Astra nur noch sehr eingeschränkt empfehlen wegen der vielen Komplikationen, sind ja wohl nicht vom Tisch zu wischen. Das österreichische Servus TV – der einzige Sender, der noch einigermaßen kritisch und vertrauenswürdig ist. Hat der Sender etwa keine (Schmier-)Gelder von Bill und Melinda Gates Stiftung bekommen?

14. September 2021 (Montag): Was mir jedes Mal auffällt: Wenn ich den Leuten sage, sie können wegen meines medizinischen Luftreinigungs-Geräts die Masken hier im Praxisbereich abnehmen, dann sind sie richtiggehend erleichtert.

Auch wenn das regelmäßig anders in den Medien verbreitet wird – ich denke, nur ganz wenige sind wirklich froh und innerlich überzeugt, so ein Ding tragen zu müssen. Sieht man auch daran, dass die Leute sich nach dem Einkauf oft schon die Masken vom Gesicht wegziehen, noch bevor sie richtig draußen sind.

Nun gut, es gibt auch manche, die fahren mit dem Fahrrad durch die Stadt und tragen die Maske weiterhin. Was wurde zu Anfang der Pandemie für ein Aufhebens gemacht um die richtige Handhabung der Masken. Es gab bei YouTube etliche Videos von Fachleuten, die haargenau zeigten, wie man die Masken auf- und absetzt – weil man eben dabei auch so viel falsch machen könne. Und jetzt? Da haben die Leute ihre Masken oft dauerhaft unterm Kinn hängen und ziehen sie nur noch, wenn sie es müssen. Bei anderen baumelt die Maske am Ärmel, andere holen ihre verknüllten Dinger schnell aus der Hosentasche, wenn sie irgendwo reinwollen. Ich wette, wenn es ein Prozent der Bevölkerung richtig macht, dann ist das schon hoch gegriffen.

15. Oktober 2021: Der Mann einer Patientin ist völlig überraschend verstorben. Nun gut, sie waren seit drei Jahren getrennt, aber verstanden hatten sie sich danach immer besser. Wie sehr hatte sie ihn gewarnt vor den Impfungen. Immer wieder auf Seiten aus dem Netz hingewiesen, ihm Studienergebnisse geschickt, die in den öffentlichen Medien nie vorkamen, die aber dennoch einen Teil der Wirklichkeit darstellten. Dann hatte er es doch machen lassen. Er hatte die Zeit genutzt, wo seine Frau verreist war. Meine Patientin war entsetzt und auch erbost gewesen. Keine Ahnung, was ihn geritten hatte. Anscheinend hatte er sich nicht getraut, sich die Spritze zu holen, solange die ‚gestrenge Aufpasserin‘ vor Ort war. Still und heimlich, dann gebeichtet, jetzt ist er tot. Gesund, Ende vierzig, keine Vorerkrankungen, türkischer Kurde aber schon lange in Deutschland, seit Jahren Chef einer kleinen Baufirma, plötzlich und unerwartet am Esstisch vornüber gefallen – das war's! Ich bin zwar kein Fachmann für diesen Bereich und noch weniger ein Pathologe, aber was kann da nur in Frage kommen? Lungen-Embolie. Eine andere Erklärung fällt mir dazu nicht ein. Die Wahrheit wird nie (!) rauskommen. Bei Moslems muss es immer sehr schnell gehen, wenn jemand von dieser Religion verstirbt. Im Idealfall hat die Beerdigung innerhalb eines Tages zu erfolgen und das genau dort, wo er herkommt. Nicht so ganz einfach, wenn man in einem kleinen deutschen Kaff verstirbt und dann irgendwo nach Anatolien verbracht werden muss – Batman, oder wie auch immer die Ortschaft heißt.

Das Gute an moslemisch-geprägten Menschen ist, dass sie über große Familienverbände verfügen. So machte es auch keine sonderlichen Probleme, das Ganze zu organisieren und auch zu bezahlen – Flug etc. Ist schon komisch, warum die Leute unbedingt dort beerdigt werden müssen, wo sie geboren wurden oder zumindest wo sie herkamen. Der Verstorbene lebte seit Jahrzehnten hier in Deutschland, hatte hier Kind und Ex-Frau und nun liegt er irgendwo 3.000 Kilometer entfernt in der kargen Erde. Aber wer weiß, wozu das gut ist.

27. Oktober 2021: Christian (Freund) erzählt von seiner Tochter, die als Wirtschafts-Psychologin in Hamburg in einer großen Daten-Firma etwa 200 Auszubildende betreut. Sie seien wohl so ziemlich alle geimpft worden. Aber zwei davon hätten derart schlimme Impfschäden davongetragen, dass beide im Moment und bis auf Weiteres berufsunfähig seien. Einer sitzt sogar im Rollstuhl. Vermutlich gab es wohl irgendwelche Beschädigungen an den Nerven.

4. November 2021: Ein Soldat beschreibt, wie er nach der dritten Impfung immer schlapper geworden sei. Er nennt es eine prägnante Müdigkeit. Dazu muss man sagen, dass es im Gegensatz zu anderen Impfungen bisher keine ‚Duldungs-Pflicht' wegen Covid-19 gegeben hatte. Die kam erst mit deutlicher Verzögerung. (Einschub: Ab 7. Juni 2022 begann eine ganz große Verhandlung vor dem Bundesverwaltungsgericht in Leipzig, bei der zwei Offiziere der Bundeswehr zusammen mit ihren fünf Fachanwälten, unter anderen mit der Fachanwältin für Medizinrecht Beate Bahner und dem Rechtswissenschaftler Professor Martin Schwab gegen die Duldungspflicht geklagt hatten. Frage: Wussten die Entscheidungsträger von der möglichen Gefährlichkeit der Impfstoffe? Haben sie die Duldungs-Pflicht ab dem 24. November erst in dem Moment eingeführt, als man Möglichkeiten hatte, die Soldaten mit Chargen-Nummern von Biontech zu impfen, die keine gefährlichen Inhaltsstoffe enthielten? Fakt ist, dass es bis zu diesem Zeitpunkt allein von Comirnaty mindestens 23 verschiedene Chargennummern gibt, wobei drei eine, um das Tausendfache erhöhte Gefahr in sich bergen, an einer Herzmuskel-Entzündung oder an einem Fatigue-Syndrom zu erkranken. Und man wird ja wohl kaum Lust haben, das eigene Militär durch Impfungen willentlich zu dezimieren.) Eigentlich hatte ich mir nun gedacht, es reicht hier mit dem Aufzählen und Berichten von Fällen, in denen zumindest ein ernstzunehmender Verdacht im Raum steht, es könne sich um Impf-Folgen handeln. Aber da mir immer weitere Patienten von Beobachtungen und Erfahrungen von erschreckenden Auffälligkeiten berichten, während gleichzeitig die Werbetrommel für Impfen und Boostern, wie dieses Wort inzwischen in den deutschen Sprachschatz integriert wurde, weiter gerührt wird, lasse ich noch einige weitere Erfahrungen von Patienten zu Wort kommen.Ich finde dies aus einem ernstzunehmenden Grund wichtig: Es gibt inzwischen derart viele Aussagen, dass man nicht mehr weiß, wem man noch Glauben kann. Man hört viele Warnungen. Es sind sowohl Fachleute wie Aktivisten im Netz, die auf die Vielzahl der Probleme nach Impfungen hinweisen. Demgegenüber hört man beständig, wie die öffentlichen Medien davon sprechen, es würde zwar auch Impfkomplikationen geben, jedoch seien diese derart selten und würden sogar zumeist nach einiger Zeit wieder abklingen, so dass die Nachteile der Impfungen im Vergleich zu ihrem Nutzen zu vernachlässigen seien. Deshalb finde ich es so wichtig, privat Daten zu sammeln, da diese auf der Basis realer Erfahrungen von realen Menschen erfolgen. Nur sehr wenige bringen übrigens ihre Symptome mit den Impfungen in Verbindungen. Erst, wenn man ein wenig anamnestisch nachfragt und zeitliche Parallelen findet, kommen viele Betroffene allmählich auf die Idee, dass die neue Symptomatik womöglich mit den Impfstoffen zu tun haben könnte. Hinzu kommt, dass mir viele Menschen berichten, die Hausärzte hätten abgewunken, wenn jemand einen möglichen Impfzusammenhang ansprechen würde. „Nein, das kann nicht sein. Das ist reiner Zufall." Die Leute in ihrem Leid werden allein gelassen. Haben Ärzte vielleicht Angst, dass man an sie Schadenersatz-Forderungen stellen könnte? So bestätigt sich der alte Spruch: Wer den Schaden hat braucht für den Spott nicht zu sorgen.

7. März 2022: Eine junge und sehr schlanke Patientin kommt nach einigen Monaten wieder in meine Praxis. Ich hatte geglaubt, es würde ihr gut gehen, weil sie sich nicht mehr gemeldet hatte. Aber das Gegenteil war der Fall. Sie meinte, bei ihr habe sich die gesamte Persönlichkeit verändert. Eigentlich sei sie gegen die Impfung gewesen, doch der Arbeitgeber hatte mit Kündigung gedroht. Deshalb habe sie im September in die erste Impfung eingewilligt. Kurz danach sei ihre Regel weggeblieben. Dann sei die Zweite verlangt worden, um einen kompletten Impfstatus zu haben. Ihre Ärztin, die auch impfkritisch sei, hatte gewarnt. Ohne Erfolg. Nach der Spritze sei die junge Patientin eine Woche krankgeschrieben gewesen. Schüttelfrost, Schmerzen, wie eine Grippe. Vor sechs Wochen sei dann die Booster-Impfung Vorschrift geworden. Sie hätte sich schon sozial isoliert gefühlt, habe kaum noch ihre Arbeit geschafft – ihre Ärztin hätte energisch von einer dritten Spritze abgeraten. Dennoch geimpft. Die Patientin sei direkt nach der Spritze umgekippt und in die Notaufnahme der hiesigen Klinik gebracht worden. Schockzustand. Bis heute sei sie nicht endgültig wieder hergestellt. Sie fühle sich schlapp und depressiv.

8. März 2022: Ein Bekannter (Horst) ruft in der Praxis an und erzählt, dass die Schwiegermutter kurz nach der vierten Impfung verstorben sei. Gute 80, aber noch ganz fidel gewesen. Nach der Impfung ging dann gar nichts mehr, sie hätte total abgebaut, habe Atemnot bekommen und sei dann verstorben. Eigentlich zu früh. Außerdem habe die Schwägerin nach der Boosterung in der zwölften Woche der Schwangerschaft eine schwere Lungenentzündung bekommen. Er fragt sich auch, warum die Ärzte nur sehr unwillig vermutete oder real angesprochene Impf-Nebenwirkungen an das Paul-Ehr-lich-Institut weiterleiten. Vielleicht läge es daran, dass sie für derartige Meldungen nichts verdienen würden, während es bestimmte Zahlungen gäbe, wenn man Long-Covid attestie-re.

21. März 2022: Eine Patientin meint, sie habe im September letzten Jahres eine Impfung mit Biontech bekommen, kurz danach wurde sie direkt ins Krankenhaus eingeliefert. Zum zweiten Mal Corona-Infektion – könnte dies durch die Impfung verursacht worden sein? Diese habe sie dann nur knapp überlebt. Danach habe sie eine Allergie bekommen. Nach ihrer Meinung hat es einige Monate gedauert, bis sich das Serum im ganzen Körper verteilt hatte. Jetzt kommen aufgedunsene Hände mit Taubheitsgefühl hinzu, alles sehr schmerzhaft, keine Medizin würde helfen. Impfen käme für sie nicht mehr in Frage.

23. März 2022: Herr D. berichtet, er sei der einzige Unge-impfte in der Firma. Von den anderen hätten jetzt sehr vie-le Corona, zum Teil ganz schlimm und einer bekam sogar Herzrhythmus-Probleme.

24. März 2022: Die Bekannte eines 69-jährigen Patienten sei unerwartet und ganz plötzlich mit 62 verstorben. Herr B. (ein-deutig Befürworter der Maßnahmen) beschreibt eine Freun-din, die ein Vierteljahr nach der Impfung Brustkrebs bekom-men habe und erzählt von einem Herz- und Gefäßzentrum, wo sich die Mitarbeiter inzwischen ernsthaft wundern, warum im letzten Dreivierteljahr derart viele junge Menschen, vor allem Männer, mit Herzproblemen aufgenommen wurden.

28. März 2022: Thomas arbeitet im sozialen Bereich. Ein eher einfach gestrickter Mensch, seit Jahren trocken. Alle Achtung! Und besonders dafür, wie er sich in seinem diakonischen Betrieb gegen die Vielzahl der Anfeindungen gewehrt hat. Immer wieder wurde er von seiner Team-Leiterin unter Druck gesetzt. Musste sich täglich testen lassen, wurde separiert. Hat mitbekommen, wie seine Schwiegermutter zwei Wochen nach der zweiten Biontech-Spritze verstarb, seine Schwester – komplette Impfbefürworterin – hat eine Nervenproblematik entwickelt, bestreitet jedoch einen Zusammenhang. Ab März, wo alles etwas lockerer wurde, ließ man ihn mehr und mehr in Ruhe. Er vermutet, dass das auch daran liegt, dass seine Team-Leiterin nach der Booster-Spritze nicht mehr am Arbeitsplatz erschienen ist. Vermutlich richtig krank geworden …

Und von seiner Freundin, mit der er ein gemeinsames Baby hat, hört er immer wieder, wie die alten Menschen in dem Heim, in dem sie arbeitet, sterben. Alle sind drei- oder viermal geimpft. Aber so ein Sterben hat sie noch nie erlebt. Ständig Corona-Alarm, Hilfskräfte von außerhalb und immer wieder dieses Sterben!

27. April 2022: Eine 40-jährige Frau, geboren in Sri Lanka, die sich immer gut durch ihre ‚eigene Hausapotheke' geholfen hatte, erleidet nach der Impfung eine schwere Corona-Erkrankung. Sie meint, sie sei eigentlich noch nie richtig krank gewesen. Jetzt sei sie knapp drei Wochen lahmgelegt gewesen – etwas, was sie noch nie bisher erlebt hatte.

3. Mai 2022: Der Neffe von Frau C. bekam im Rahmen der Bundeswehr vor einem Jahr seine zweite Spritze. Er bekam totale Atemnot, nachts kaum noch Luft; dazu Wortfindungsstörungen, Schwindelanfälle und sportlich ist nichts mehr wie früher.

11. Mai 2022: Besonders tragische Umstände berichtet Frau J. aus ihrem Umfeld. Der Vater sei nach der Impfung gleichgewicht-geschädigt und habe sich seelisch verändert, der Sohn sei jetzt dauernd krank, kam nach einer Corona-Erkrankung nicht mehr auf die Beine und habe sogar einige Tage in der Psychiatrie zugebracht. Noch schlimmer habe es zwei Bekannte getroffen, die überraschend verstorben seien

Impf-Irrsinn in der Hauptstadt!

Jeder Piks im Berliner Impfzentrum im Internationalen Congress Centrum (ICC) kostet derzeit um die 1427 Euro. Jeder Piks bei einem Hausarzt 28 Euro. Das sind pro Piks 1399 Euro verschwendete Steuergelder.

Der Berliner Senat argumentiert, man müsse das Impfzentrum für bis zu 5,71 Mio. Euro im Monat offen halten, um schnell auf Mutationen in der Pandemie reagieren zu können.

Es stimmt: Keiner weiß, ob nicht doch noch eine Virus-Variante kommt, die weitaus gefährlicher sein könnte als Omikron. Allerdings sind mittlerweile Hausärzte und Apotheker sensibilisiert. Sie könnten innerhalb kürzester Zeit Kapazitäten hochfahren und würden das auch tun, da es sich für sie lohnt.

Auch private Anbieter, die im Leerlauf nichts kosten, stehen in den Startlöchern. Einer sagte mir: „Ich könnte innerhalb von zwei Wochen zo Impfzentren mit einer Kapazität

27. Mai 2022: Die Freundin einer dreißigjährigen Frau, grundsätzlich pro Impfung eingestellt, war nach ihrer Erstimpfung drei Wochen krank. Vor der zweiten Impfung hatte sie bereits ungute Gefühle, wurde dann sogar über fünf Wochen krank und will nie wieder eine weitere Spritze.

Bild-Zeitung 15.05.2022

Nur einen Tag später: Altenpflegerin mit Übergewicht; die erste Spritze gut vertragen, dann an Covid erkrankt, vor einigen Wochen sozusagen geboostert – danach die schlimmste Grippe aller Zeiten. Bekommt schwer Luft und leidet bis heute an Erschöpfung. Würde kündigen, wenn sie zu einer weiteren Spritze wegen Impfpflicht im Gesundheitswesen gezwungen werden würde. Von ihrem Partner berichtet sie, dieser sei absolut gegen die Impfungen eingestellt und sehr maßnahmen-kritisch gewesen; musste sich wegen einer neuen Arbeitsstelle dennoch impfen lassen. Trotz sportlicher Vorgeschichte weiterhin total schlapp. Früher habe er kaum Schlaf benötigt, jetzt käme er morgens kaum aus dem Bett.

Und so geht es ständig weiter: Die Tochter von Frau S. hatte nach der Impfung erst ganz stark Corona, später eine Darmerkrankung mit ständigem Fieber. Die Frau des Bruders von Frau W. ist nach der Impfung immer erschöpft und über lange Strecken krankgeschrieben, dennoch sieht der Bruder keine Zusammenhänge. Die Klassenlehrerin einer jungen Patientin war ebenfalls an Corona nach ihrer zweiten Impfung erkrankt, danach sei sie panisch geworden und würde sogar im Freien mit einer FFP-2-Maske herumlaufen. Überhaupt seien an der Schule von neun Lehrern zurzeit fünf wegen Covid nicht im Dienst.
Schließlich noch Herr R., der berichtete, die Nachbarin, sehr sportlich, habe nach der Impfung eine Herzmuskel- Entzündung bekommen plus etliche weitere Symptome, so dass sie zur Zeit Sauerstoff benötige. Bereits direkt nach der Impfung hätte sie sich schlecht gefühlt. Und um dies Kapitel abzurunden: Ein Zollbeamter berichtet über zwei Kollegen. Bei einem, der geboostert war und sich auf die Vierte eingestellt hatte, habe man ganz plötzlich Krebs in der Speiseröhre und Metastasen festgestellt, während ein anderer nach der dritten Spritze derart erschöpft sei, dass er nicht mal mehr die Treppe zu Hause hochkommen würde.

Ich schließe hier die Aufzählung, die augenscheinlich noch unbegrenzt weitergehen würde. Was nun meine private Statistik aus dem Konzept meiner Praxis angeht, so gibt es zwei Beobachtungen, die sich allerdings auch mit den Erkenntnissen von Kollegen decken:

1. Die Zahl der Berichte über unerwartete Erkrankungen und Todesfälle hat seit Herbst 2021 beständig zugenommen.
2. Während die Zweifach-, Dreifach- und zum Teil Vierfach-Geimpften bei Erkrankungen mit dem SARS-CoV-2-Virus zum Teil sehr schlimme und bedrohliche Krankheitsverläufe erleben (selbst mit der relativ harmlosen Omikron-Variante), berichten Ungeimpfte über zumeist recht milde Verläufe; zwar auch nicht auf die leichte Schulter zu nehmen, aber nach zwei bis drei Tagen sind fast alle wieder auf dem Damm, manche haben sogar überhaupt keine Krankheitssymptome verspürt.
3. Viren werden mit der Zeit und weiteren Mutationen immer schwächer und ungefährlicher. Schließlich ist es nicht deren Ziel, alles umzubringen. Denn wer sein Pferd umbringt, hat nichts mehr, auf dem er reiten kann. Leider wird immer nur auf die absoluten Zahlen geachtet und nicht darauf, ob positive Test überhaupt noch eine Gesundheitsgefahr darstellen.

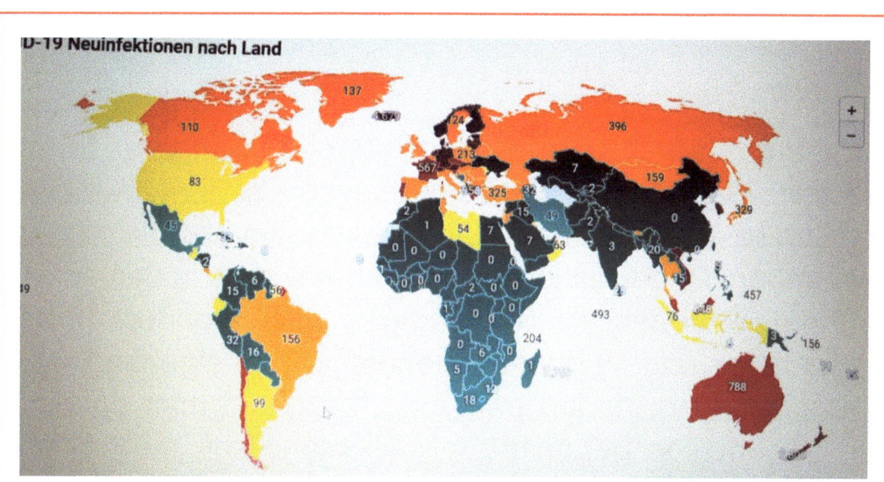

**Stand 3. März 2022 – eigenartige Besonderheiten
(je roter umso höher die Inzidenzen in den Ländern
der Welt)**

5

Der Wind beginnt sich zu drehen

Es ist **Samstag 22. Januar 2022**, der ein besonderes Datum darstellt: Gigantische Menschenmassen sind weltweit auf der Straße. Im Netz kann man Livestreams aus vielen Ländern sehen. Dabei fällt auf, dass es besonders in denjenigen Ländern, in denen die Regierungen mit besonders harten Maßnahmen und oft diametral entgegen der eigenen Bevölkerung regieren, rumort es. Leider bekommt man davon in den Nachrichten bei nichts mit. Niemand soll hier vermutlich durch die Bilder angeregt werden, auch mitzumachen, wenn man hier merkt, wie groß der Widerstand woanders ist. Die größte Demonstration hatte in Brüssel stattgefunden, wo die komplette Stadt übersät war mit etwa einer halben Million von Menschen, die sich laut Augenzeugenberichten auch nicht durch Polizei, Gewalt und Wasserwerfer verjagen ließen. Schade, dass ich nicht dabei sein konnte.

Es ist wie man es schon seit Beginn der Covid-Phase kennt: nirgendwo bei uns etwas darüber in den Mainstream-Medien. Ja, wofür zahlen wir unsere Fernsehgebühren? Dafür, dass wir ständig mit einer Denkkontrolle oder Gehirnwäsche überzogen werden? So darf zumindest spekuliert werden. Das Narrativ in den regierungsnahen Kommentaren besagt

dass wir ständig mit einer Denkkontrolle oder Gehirnwäsche überzogen werden? So darf zumindest spekuliert werden. Das Narrativ in den regierungsnahen Kommentaren besagt immer, es seien Antisemiten, Rechte, Verschwörungs-Theoretiker und Schwurbler in Verbindung mit Gewaltbereiten unterwegs. Nichts davon ist auf den Videos zu sehen, nichts ist vorgefallen. Merke: Wenn es keine Chance gibt, den Widerstand zu diffamieren oder in Schmuddel-Ecken zu stellen, dann ignoriert man das Ganze.
‚Schwurbeln' – da ist ein ganz neues Wort entstanden. Ein Begriff, mit dem man in gehässiger Form Leute diffamiert, die eine andere Meinung haben. Eine andere Meinung als diejenige, die von den Machthabern vorgegeben wurde.

Mittwoch, 26. Januar 2022: Immer neue Ungereimtheiten. Dass eine Impfpflicht für besonders wichtige Berufsgruppen kommen soll, mag ja vom Ansatz her eventuell noch Sinn machen. Aber warum nennt man dann nur das Gesundheitsweisen? Gibt es nicht noch eine viel wichtigere Bevölkerungsgruppe, die für das Funktionieren des Staates verantwortlich sind: Die Politiker, die Richter und die Konzern-Lenker? Führen wir doch erst mal eine Impfpflicht für die Politiker ein! Die sind ja sowieso alle Mitglieder von ‚vulnerablen' Alterskreisen.Aber jetzt kommt es noch besser: Wieler und Lauterbach haben den Genesenen-Status der Bevölkerung kurzfristig verkürzt - von einem halben jetzt auf ein Vierteljahr. Aber nicht für alle; denn für den Bundestag gilt weiterhin die Halbjahresregelung. Man bekommt immer mehr das Gefühl, dass sich alles der Situation annähert, die im Film ‚Die Farm der Tiere' beschrieben wird. Die fleißigen Tiere arbeiten sich fast immer, es seien Antisemiten, Rechte, Verschwörungs-Theoretiker und Schwurbler in Verbindung mit Gewaltbereiten unterwegs. Nichts davon ist auf den Videos zu sehen, nichts ist vorgefallen. Merke: Wenn es keine Chance gibt, den Widerstand zu diffamieren oder in Schmuddel-Ecken zu stellen, dann ignoriert man das Ganze.

‚Schwurbeln' – da ist ein ganz neues Wort entstanden. Ein Begriff, mit dem man in gehässiger Form Leute diffamiert, die eine andere Meinung haben. Eine andere Meinung als diejenige, die von den Machthabern vorgegeben wurde.

Mittwoch, 26. Januar 2022: Immer neue Ungereimtheiten. Dass eine Impfpflicht für besonders wichtige Berufsgruppen kommen soll, mag ja vom Ansatz her eventuell noch Sinn machen. Aber warum nennt man dann nur das Gesundheitswesen? Gibt es nicht noch eine viel wichtigere Bevölkerungsgruppe, die für das Funktionieren des Staates verantwortlich sind: Die Politiker, die Richter und die Konzern-Lenker? Führen wir doch erst mal eine Impfpflicht für die Politiker ein! Die sind ja sowieso alle Mitglieder von ‚vulnerablen' Alterskreisen.

Aber jetzt kommt es noch besser: Wieler und Lauterbach haben den Genesenen-Status der Bevölkerung kurzfristig verkürzt - von einem halben jetzt auf ein Vierteljahr. Aber nicht für alle; denn für den Bundestag gilt weiterhin die Halbjahresregelung. Man bekommt immer mehr das Gefühl, dass sich alles der Situation annähert, die im Film ‚Die Farm der Tiere' beschrieben wird. Die fleißigen Tiere arbeiten sich fast zu Tode, während die Sippschaft der Schweine im Haus des Farmers lebt und es sich gut gehen lässt. Und irgendwann ist dann auf dem Schild mit den allgemeinen Regeln nicht mehr zu lesen: *„Alle Tiere sind gleich“* sondern es wurde über Nacht der Zusatz ergänzt, *„aber manche sind gleicher.“* Nun hatte ich gedacht, mit einem Johnson&Johnson-Impfnachweis im Heft ist man durch, jetzt plötzlich nicht mehr. Ursprünglich wäre ich nämlich bis Sommer erst mal aus dem Schneider, ich hätte ein halbes Jahr formell als komplett geimpft gegolten - geschützt, haha. Jetzt gilt man mit dem Ami-Stoff als gar nicht mehr geschützt. Man müsse zwei davon vorweisen. Schweinerei, wie diese Leute ganz einfach alles umwerfen. Was gestern noch galt, heute gilt es nicht mehr. Man kann sich auf nichts mehr so richtig einstellen. Wo ist die nächste Demo!

Das kann in ein paar Tagen lustig werden, wir wollen doch für ein paar Tage auf die Insel. Plötzlich steht die Sache auf der Kippe. Fragen über Fragen. Wie ist die Regelung im Zug? 2G oder 3G oder gar 2G+? Was ist mit der Fähre? Darf überhaupt einer ohne Impfschutz auf die Insel? Impfschutz – haha! Bis vorgestern hatte ich ihn noch wegen Johnson&Johnson, jetzt plötzlich habe ich ihn nicht mehr – formal zumindest nicht mehr, und das ist es, was allein zur Zeit zählt. Ich finde die ganzen Maßnahmen Quatsch. Allerdings nur unter dem Gesichtspunkt, weil es mir hier rein um Gesundheit gehen würde. Will man allerdings ganz viel Impfstoff an den Mann (sorry: Frau) bringen, würde damit also zu den Profiteuren und deren Gefolgschaft gehören, dann macht es Sinn, so viel Unangenehmes von den Menschen zu verlangen, wie es nur geht. Denn wisse: Der Großteil der Bevölkerung möchte es so leicht und unproblematisch im Leben haben, wie nur irgend möglich. Auch frei, unbeschwert und glücklich sein. Dann holt man sich also auch die dritte Impfung, sozusagen gezwungenermaßen und entgegen der eigenen Überzeugung. Was ich diesbezüglich besonders krass finde: Manche kokettieren sogar damit, sie hätten sofort die vierte genommen, als es für sie möglich war. Für mich nicht nachvollziehbar.

Samstag, 29. Januar 2022: Es ist doch klar. Man will, und das ist ja von Anfang an klar gewesen, möglichst alle Menschen impfen. Anfangs sprach man von „einem" Pieks, inzwischen redet man von mindestens zwei (für den Herbst schon von drei) Impfungen. Für dieses Ziel werden so gut wie alle Register gezogen. Von einem gewissen Standpunkt aus mag es Sinn machen, wenn das Pflegepersonal geimpft ist – natürlich nur, wenn die Geimpften nicht mehr krank werden und die Krankheit weitergeben können. Das heißt, wenn die Impfung funktioniert. Leider funktioniert sie nicht – zumindest nicht im kurativen Sinne.
Nun gibt es bis zu 20 Prozent bei den Pflegekräften und Ärztinnen, die sich nicht impfen lassen wollen. Und mit Sicherheit sind es zehn Prozent, die bei einer Art Impfzwang lieber den Beruf beenden oder auswandern würden, als sich impfen zu lassen. Das heißt, die Entwicklung läuft auf einen Scheideweg zu. Gehen jetzt alle Unentschlossenen bis zum 15. März 2022 zum Impfen, dann hat die Seite, die Druck ausübte, gewonnen. Kündigen allerdings beispielsweise zehn Prozent und verlassen den Gesundheitssektor, dann

möchte ich mal sehen, was die Klinik-Chefs und börsennotierten Unternehmen dann wohl sagen, wenn immer mehr Betten abgebaut werden müssen, weil kein Personal mehr zur Verfügung steht.

Wobei die dahinterstehende Gefahr noch schlimmer ist. Man wird versuchen, auf Teufel komm raus die Stationen weiter laufen zu lassen, um die Kranken zu versorgen, aber auch, um die Kassen der Unternehmen und Investoren zu füllen. Dann werden die Angestellten noch mehr arbeiten müssen, um die ungeimpften gekündigten oder freiwillig ausgestiegenen Kollegen zu ersetzen. Dass das nicht lange gut gehen wird, sieht man doch jetzt schon. Sehr hoher Krankenstand und viele Pfleger, die seelisch mit Burnout zusammen brechen oder im letzten Moment vorher noch kündigen. Ärzte, die ihre Praxen schließen und auswandern, Angestellte die sich umorientieren. Und dann? Noch ist unklar, wohin das Pendel schlagen wird, aber die Zukunft wird es uns zeigen. Ich persönlich habe hier keine guten Erwartungen. Vom Herz- und Gefäßzentrum weiß ich, dass inzwischen vier Ärzte*innen gekündigt haben und aus- bzw. abgewandert sind. Einer nach Irland, eine nach Schweden. Auch unser Kiefer-Orthopäde hat zugemacht, weil er *„keinen Bock mehr auf die Drangsalierungen"* hatte. Und wenn ich meine beiden Nachbarn höre (beides Zahnärzte) … Ich bin kritisch und unzufrieden, aber die, die sind noch unzufriedener!

Mittwoch, 5. Februar 2022: Wieder zurück. Der Urlaub auf Föhr war keine Erholung. Schon in Uelzen musste man auf dem Bahnhof mit FFP2-Maske stehen – im Freien! Wie oft haben die Aerosol-Forscher betont, dass eine Ansteckung im Freien praktisch ausgeschlossen ist. Mir war schon auf dem

Bahnhof die Lust vergangen. Im Zug natürlich auch mit Maske. Meine Rettung: Der ICE hat ein Bordrestaurant – Kaffe ohne Maske, Smiley. Dann langer Aufenthalt in Altona. Alle Cafés mit 2G+. Und kalt war es auch noch. Stimmung am Tiefpunkt. Habe mich dann gegen meine Überzeugung in einem Testzentrum testen lassen. Da waren sechs Leute angestellt. Was das allein pro Tag kostet, zumal sie in zwei Schichten arbeiten. Wo nehmen die all' diese Leutchen her? Natürlich war ich negativ. Aber immerhin ein negatives Testergebnis. Hat mir später im Zug noch gute Dienste erwiesen. Was wäre gewesen, hätte ich das nicht gehabt. Hätte ich gleich aussteigen müssen? Ich war in Mathe nie besonders gut, aber Berechnungen im Alltag, sozusagen in der Praxis, das finde ich gut. Ich hab mal gerechnet: 2 Schichten a 6 Leute. Wenn jeder brutto etwa 20 Euro bekommt, dann sind das pro Stunde 120 Euro, das mal 10 Stunden, macht 1.200 Euro am Tag für das Personal. Nun berechnen wir die Miete mit 150, die Heizung mit 50, die 400 Tests und Wegwerfmaterial mit 4 Euro, dann wären das nach Adam Riese zusammen 1.800 Euro. Macht zusammen pro Tag allein für dieses eine Testzentrum in Hamburg 3.000 Euro. Da das Testzentrum jeden Tag geöffnet hat, sind das 30x3.000, also zusammen 90.000 Euro im Monat. Nun mag Hamburg, um das leichter zu berechnen, 100 Testzentren haben, dann liegen wir allein für das Testen bei 9 Millionen im Monat. Das Ganze mal 12, dann haben wir die Jahresausgaben = 118 Millionen. Hamburgs Bevölkerung macht ungefähr 2 Prozent von Deutschland aus, deshalb das Ganze mal 50. Ich komme auf 1.500.000.000 Euro für das Testen in Deutschland pro Jahr. 1,5 Milliarden, aber ich fürchte, das wird eventuell noch mehr sein. Denn jetzt fehlen ja noch die ganzen Kosten für die Labore beim PCR-Test. Man könnte verzweifeln – zumal die ganzen Maßnahmen im Grunde genommen zumindest sehr fragwürdig sind – wenn man so will überflüssig, da man aus fachlicher Sicht höchstens diejenigen testen müsste, die auch wirklich Krankheitssymptome aufweisen. Aber ob sie dann letzten Endes an Corona- oder Influenza-Viren erkranken, macht die Sache auch nicht besser. Einmal schnell Essen gewesen. Draußen. Hier galt 2G+. Wie stolz die Gäste hier alle umher schlawinern. Alle in der Gewissheit, zu den Guten zu gehören, die alles richtig machen, die sich an die Regeln halten. Aber wie lange werden sie noch gesund sein? Es werden doch immer mehr Impfkomplikationen und Spätschäden bekannt. *„Heute noch auf stolzen Rossen – morgen durch die Brust geschossen!"* (Papa lässt grüßen)

Donnerstag, 10. Februar 2022: Wenn man nun denkt, man hat schon mehr oder weniger alles gehört, was man sich als Ungereimtheiten nur so denken oder ausmalen konnte, dann wird man heute noch mal eines Besseren belehrt. Ein Interview in der Welt erregt einiges an Aufsehen. Angelique Coetzee, die Vorsitzende des südafrikanischen Ärzteverbandes berichtet, sie sei von diversen europäischen Staaten unter Druck gesetzt worden, nicht länger zu erklären, dass sich die Omikron-Variante des SARS-CoV-2-Virus deutlich von den vorherigen unterscheidet und relativ harmlose Verläufe hervorrufe. Das heißt, unsere korrupten Machthaber haben alles versucht, damit die Frau unwahre Sachstände nach außen behauptet, also, dass die neue Variante augenscheinlich noch schlimmer sein würde als die Delta-Variante – warum? Damit wir weiter Angst haben und nicht merken, dass Omikron ein Geschenk des Himmels ist. Und wer Angst hat, der wird natürlich freiwillig zum Impfen gehen!

6

Plötzlich ist der ganze Spuk wieder vorbei

Freitag, 25. Februar 2022: In allen Nachbarländern werden Lockerungen geplant. Dänemark, England – sie heben alles auf, Freedom Day. Auch in Holland laufen die Maßnahmen aus, bis 20 März sollen alle Beschränkungen wegfallen. Und bei uns? Da wird eher noch stärker getrommelt, Angst gemacht, auf einen schlimmen Herbst hingewiesen, wenn wir zu nachlässig seien.

Die „liebe" Melanie Brinkmann, Virologin und Professorin im Helmholtz-Zentrum, unsere Null-Covid-Strategie Verfechterin. Was hatte sie beim ersten Lockdown 2020 gekämpft und interveniert, um bei uns gleiche Ziele umzusetzen wie in China. China: Die drehen aktuell durch. Inzidenz bei 14 in Shanghai und sie sperren schon wieder ganze Wohnviertel ein! Im gesamten Land liegt die Inzidenz allerdings nur bei 0,1.

Ich kann dieses Schielen auf Inzidenzen, Krankenhaus-Belegungen, Neuinfektionen und Verstorbene (‚im Zusammenhang mit', wie es so schön heißt) echt nicht mehr hören. Andererseits habe ich schon vor Monaten beim Meditieren so eine Art Botschaft bekommen: „Rettung ist im Anmarsch." Woher dieser Satz kam? Von den guten Geistern. Und der erste Schritt in Richtung Rettung ist ja mit der OM-ikron Variante inzwischen eingeleitet worden. Nach Delta hätte eigentlich Epsilon folgen müssen. Komisch, vielleicht hat diese Abweichung von der Regel wohl mehr zu sagen, als es auf den ersten Blick scheint.

Offiziell stammt die neue Variante aus Südafrika (Mutante klingt noch mehr nach Frankenstein). Das Land am Kap der guten Hoffnung - dazu noch eine Variante, die mit einem „Om", der ‚göttlichen Silbe' der Hindus und Buddhisten anfängt, was will man mehr, als wirklich an ein Ende dieses ganzen Spuks zu glauben, der tatsächlich etwas Reales und leider kein Science-Fiction-Film ist/war. Es wird auch weiterhin noch hunderte, eher wohl tausende von Details und Aufdeckungen dieser weltweiten und viele Jahre vorbereiteten Krise, wie dies Paul Schreyer aufzeigte, geben. Aber was bis jetzt zumindest im Netz immer wieder deutlich geworden ist, sollte reichen, um zu erkennen, dass die Wahrheit in der Regel zwei Seiten hat. Die eine, die uns durch die Leitmedien und durch ständiges Wiederholen gleichgeschalteter Nachrichten und Presseartikel vorgeführt wurde und die andere, die durch mutige, selbstlose und verantwortungsvolle Menschen im Internet zu erfahren war und weiterhin ist.

Fast niemand hat über die offiziellen Medien bisher mitbekommen, dass der Anwalt Dr. Füllmich mit mehreren internationalen Anwälten Klagen eingereicht hat; unter anderem gegen die WHO und viele Regierungen wegen „Verbrechen gegen die Menschlichkeit". Oder dass in Kanada eine große Klage gegen die Regierung läuft, der sich über 1.000 Anwäl-

**‚Spaziergänger' – weiße Kerzen ungeimpft,
rote Kerzen geimpft**

te angeschlossen haben. Oder dass in Indien eine Anklage wegen Mordes gegen Bill Gates und den CEO der größten Pharmafirma läuft. Auch die vielen Klagen in Deutschland werden nirgendwo offiziell erwähnt. Man muss dafür im Netz suchen – zum Beispiel unter Multipolar, unter Nachdenkseiten, unter Rubikon, Epochtimes, ‚unsere-Grundrechte.de', beim Corona-Ausschuss oder bei Viviane Fischer, Samuel Eckert, Wolfgang Wodrag oder Bodo Schiffmann. Den russischen Sender SNAnews.de hat man leider inzwischen blockiert. Schade, denn die Wahrheit hat immer zwei Seiten. Und wir hier – wir sollen eigentlich immer nur die eine, die Regierungsseite mitbekommen. Erschreckend.
Montag, 14. März 2022: Morgen soll der Tag der Entschei-

dung sein. Ab morgen müssen alle Menschen, die im Bereich des Gesundheitswesens arbeiten, komplett geimpft sein. Das ist seit Monaten die Gesetzeslage. Aber wie schräg ist das alles? Vor einigen Monaten wäre man mit einer einzigen Spritze geimpft. Jetzt müssen es zwei sein, oder drei? Man blickt nicht durch. Überall in Deutschland gibt es regelmäßig ‚Spaziergänge'. Und wie eh und je – die Leute werden diffamiert und schikaniert!

Sollte dies Gesetz wirklich umgesetzt werden, dann würde das einem Berufsverbot für die Betroffenen gleich kommen. Vielleicht für mich und etliche Psychotherapeuten auch! Wie dumm sind die Politiker? Oder doch korrupt? Sie meinen, zumindest diejenigen, die mit kranken oder alten Leuten auf engem Raum arbeiten, müssten ja von sich aus bereits daran interessiert sein, sich und damit andere zu schützen. Nun gut. Sich selbst schützt die Impfung nicht, zumindest nicht diejenige, die zurzeit zur Verfügung steht. Und eine Weitergabe an andere verhindert die Gentherapie – denn nichts anderes ist das – auch nicht.

Inzwischen sind die Verfechter der Impfungen massiv zurück gerudert. Jetzt soll man sich nur noch deshalb impfen lassen, um im Falle einer Erkrankung eher einen schwachen Verlauf zu haben. Warum werden nicht überall medizinische Luftreinigungsgeräte vorgeschrieben wie ich sie freiwillig für meine Praxis angeschafft habe. Dann wäre doch ruck zuck die Ansteckung in Innenräumen vorbei. Aber ist augenscheinlich politisch nicht gewollt – lieber Impfungen verkaufen.

Und was den milden Verlauf anbetrifft, da habe ich meine eigene kleine, wenn auch subjektive Statistik: Die Leute, die gar nicht geimpft sind, haben mit Omikron nur einen wirklich ausgesprochen harmlosen Verlauf. Halsschmerzen, ein Tag leichtes Fieber und tschüss. Die Geimpften liegen zum Teil eine Woche und länger flach, mit tagelangem Fieber, Schmerzen, manchmal zwei Wochen krankgeschrieben. Aber sie blicken nicht durch. Sie meinen dann im Gespräch: „Zum Glück bin ich geimpft, deshalb hatte ich nur so einen leichten Verlauf." Lächerlich. Aber es macht wenig Sinn mit diesen Leuten zu diskutieren.

Wer erst mal eine festgelegte Meinung hat, der geht davon kaum ab. Das macht die Lage ja auch bei uns hier so angespannt. Die Spaziergänger gehen auf ihren Demos friedlich durch die Städte, aber die Gegendemos aus Linken, Linksextremen und Antifa – zumeist super ausgerüstet mit Lautsprechern. Es wird geschrien, gehetzt, manchmal auch körerbetont. Und dann nennen die sich hier bei uns: Bündnis für Demokratie und Toleranz. Nun gut, ich verstehe unter Toleranz etwas anderes, aber anscheinend gehören diese Leute zurzeit zu den Guten und die kritischen Menschen zu den Schlechten.

Dienstag, 15. März 2022: Stichtag – ab heute dürfte niemand mehr im Gesundheitsbereich arbeiten ohne kompletten Impfnachweis. Eine meiner Patientinnen hat bereits vorsorglich gekündigt, sehr zum Wehklagen ihres Chefs. Aber er meinte, er kann nicht anders, dürfe nicht anders – könne sie nicht weiter beschäftigen. Bevor man sie ohne Entlohnung freigesetzt hätte, hat sie lieber gekündigt. Alle Chefs haben Angst. Angst, womöglich fette Strafen zu zahlen, wenn sie sich nicht an die Vorgaben halten – Vorgaben, die immer fragwürdiger werden.Ein Patient vom Arbeitsamt meinte vor Kurzem, es würde allein im Kreis Uelzen mit seinen 92.000 Einwohnern zirka 250 Berufstätige geben, die demnächst arbeitslos sein würden, wenn das Gesetz zur Anwendung käme. Mein Gott, so viele. Es gehören ja schließlich sogar Putzdienste und Zulieferungsfahrer*innen zum Gesundheitswesen dazu.

Mittwoch, 16. März 2022: Der Stichtag ist vorbei und nichts ist passiert. Vielleicht haben viele inzwischen deutlich mehr den Angriffskrieg der Russen auf die Ukraine zu verdauen, anstatt sich um die Steckenpferde von Scholz und Lauterbach zu kümmern. Man wird die Impfpflicht in der Pflege

wohl nicht durchsetzen können. Hoffentlich. Und was das drohende Gesetz zur generellen Impfpflicht in Deutschland anbetrifft, so haben die Krankenkassen bereits verlauten lassen, sie könnten diesen Aufwand nicht leisten; zumal Papier, um die achtzig Millionen Versicherten anzuschreiben, auch nicht mehr genügend da sei.

Zu wenig Papier? Na das ist ja wohl ein Knaller! Durch den Krieg gibt es Knappheit bei Mehl, bei Gas, bei Öl, bei Holz, bei Sonnenblumenkernen. Dazu die zunehmende Wasserknappheit wegen des geringen Regens, die fehlenden Arbeitskräfte, die Überschuldung und die heranrückende Klimakatastrohe. Fehlt noch was? Sehr dünnes Eis, auf dem wir wandern! Es ist alles bekannt, es wird geredet, zum Teil gewarnt, aber es wird konkret nichts unternommen – Arbeitskräftemangel? Hier werden halt zu wenige Kinder geboren.

Donnerstag, 31. März 2022: Nun ist es wirklich amtlich. Die deutsche Regierung konnte wohl dem Druck nicht mehr widerstehen. Überall auf der Welt sind die Maßnahmen zum Teil auf null runtergefahren worden. Fast überall auf der Welt sind auch die Inzidenzen extrem gefallen. Komisch, nur nicht in Deutschland (aktuell 1.759). Na gut, auch nicht in Österreich (2.429). Kurios: Die härtesten Maßnahmen, die meisten Impfungen, Impfpflicht in Österreich und in ein paar Tagen soll sie auch für Deutschland verabschiedet werden - die anderen Länder verzeichnen immer weniger Infektionen, hier gingen die Zahlen in die andere Richtung. Na immerhin, ab Montag soll nur noch ein sogenannter Basisschutz gelten. Beim Tanken nehme ich heute meinen ganzen Mut zusammen und gehe zum Bezahlen ohne Maske rein. Ganz komisches, ungewohntes Gefühl. Offiziell ist das ja noch ein

Verstoß gegen die allgemeine Gesetzeslage. Was wird der Kassierer wohl tun? Schließlich wurde sogar schon mal ein Kassierer irgendwo in Deutschland erschossen, der einen Kunden auf die fehlende Maske hinwies. Aber der hier bleibt ganz cool. Irgendwie fühle ich mich schuldig. Wofür eigentlich? Bezahlt und zur Belohnung zwei Euro Trinkgeld gegeben. Für dessen Nachsicht …

Freitag, 1. April 2022: Dass sich auch bei uns alles plötzlich derart schnell verändern würde, hatten wohl die wenigsten angenommen. Weltweit waren zwar die Inzidenzen zum Teil drastisch gesunken, überall sprach man von Öffnungen, von Freedom-Days und Abschaffungen von Maßnahmen. Nur bei uns wurde die ‚German-Angst' weiter befeuert. Aber dann konnte man sich auch hier den Tatsachen nicht mehr verschließen, insbesondere, da die Menschen ähnliche Freiheiten haben wollten, wie die in anderen Ländern. Vor allem: Es hatte ja Ende 2021 eine neue Regierung unter Beteiligung der FDP gegeben. Und die hat seit eh und je etwas mit Freiheit im Namen. Vor einigen Jahren hatte ich gedacht, man könnte diese Partei eigentlich abschaffen. Jetzt ist man froh, dass man sie noch hat.
Also wurde mit Hilfe der FDP auch hier allmählich umgedacht, obwohl der Pharmalobbyist und Gesundheitsminister Lauterbach immer wieder versucht hatte, mit Andeutungen von neuen Bedrohungen, von Monster-Mutationen und vielem mehr in unzähligen Talkshows eine Reduktion der Maßnahmen zu verhindern oder zumindest noch aufzuhalten.
Ab heute sind wir in Berlin, mal schauen, was hier so abgeht. Ab Montag (also Überübermorgen) sollen jetzt alle möglichen Maskengebote fallen, aber versuchen wir es hier mal in

einem Buchgeschäft: Keiner sagt etwas, herrlich, fast irreal. Man sieht die vielen anderen, die noch mit Maske durch den Laden flanieren. Keiner regt sich auf. Kein dummer Spruch. Nie hätte ich gedacht, dass ich darunter mal Freiheit definieren würde. Aber das ist jetzt die ‚neue Normalität'.
In den Läden der Back-Shop-Kette Steinecke steht sogar ein Schild, dass jetzt wieder Freiheit ohne Maske gelten würde. Darauf eine jubelnde junge Frau. Erleichterung. Hier würde ich Stammkunde sein, falls ich in Berlin wohnen würde – aber eigentlich … bloß das nicht! Ist mir hier viel zu verdreckt und runtergekommen. Und auch die vielen … ach, egal. Es gibt auch etliche nette Orte in Berlin, besonders im Zentrum.
Erneut Erleichterung – bin Teilnehmer bei dem deutschlandweiten Kongress Meditation und Wissenschaft, für den ich mich vor einigen Wochen kurzentschlossen angemeldet hatte. Man geht vom Bürgersteig in den Veranstaltungsort rein, sieht die Aufkleber an den Eingangstüren mit dem Schild „Maskenpflicht", überlegt kurz, ob man wohl gleich angeblafft wird, wenn man ohne Maske erscheint. Aber nichts dergleichen. Vielen anderen kann man endlich wieder ins Gesicht schauen – noch nicht allen. Gerade Jüngere fallen mir gehäuft im Zuhörerraum mit Maske auf. Es scheint: Je höher die Teilnehmer im fachlichen Status Quo anzusiedeln sind, umso weniger tragen sie eine Maske. Merke: Je mehr fachliches Wissen und Integrität, umso kritischer ist die Haltung zu den erzwungenen Maßnahmen. Übrigens: Der erste Redner war Dr. Freisleben, welch' ein symbolträchtiger Name und nicht ein einziger der insgesamt fünfzehn Redner und Vortragenden – allesamt Professoren, Wissenschaftler, Ärzte und Psychologen - trug eine Mund-Nasen-Bedeckung. Braucht es noch mehr an Gründen?

7. April 2022 (ein Donnerstag): Heute ist einer der glücklichsten Tage meines Lebens. Vielleicht trifft das nicht ganz zu, aber dass es der glücklichste Tag der letzten zwei Jahre ist, das stimmt auf jeden Fall. Was ist passiert? Im Bundestag fanden Aussprache und Abstimmung über das Gesetz zur Einführung einer allgemeinen Impfpflicht für Deutschland statt. Und was soll man sagen, man glaubt es kaum: Es kam für keinen der verschiedenen Vorschläge eine Mehrheit zustande. Klabauterbach hatte noch mal all' seine demagogischen Fähigkeiten in einer letzten Rede eingesetzt, aber es half alles nichts. Die Regierungskoalition aus SPD/Grünen/ FDP bekam keine Mehrheit zustande. Man hatte sogar die grüne Außenministerin von einer Auslandsreise zurückgerufen, um sich mit ihrer Stimme die Mehrheit zu sichern.
(Nur, falls ich später mal nicht mehr weiß, wer gemeint war: er heißt eigentlich Lauterbach. Der, den man ständig in Talkshows erleiden muss.)
Wie schon gesagt – einer der glücklichsten Tage in den letzten Jahren: Das Gesetz zur generellen Impfpflicht für Deutschland kam nicht durch den Bundestag. Viele atmen auf, viele bekommen es gar nicht mit, weil diese Nachricht total in den Hauptmedien unterschlagen werden. Ich finde das unglaublich. Aber es zeigt, dass die Medien auf der Seite der Regierenden und Mächtigen gegen die breite Masse ‚kämpfen'. Anders kann man das wohl kaum noch nennen.
Wie krank diese ganzen Politiker sind, konnte man mal wieder sehen. Ursprünglich wollte Bundeskanzler Scholz schon im März ein fertiges Gesetz vorlegen. Daraus wurde nichts. Jetzt merkten er und der Gesundheitsminister – eben unser Klabauterbach, dass es allzu großen Gegenwind geben würde. Und das vor allem aus einer Mitregierungs-Partei; näm-

lich der FDP. Die hat sich doch tatsächlich zu neuer Selbstverständlichkeit aufgeschwungen und begonnen, für die Freiheit zu kämpfen. Also ihr Credo: Freie Impfentscheidung. Natürlich wird sie von den ‚freien Medien' bearbeitet! Scheinbar soll die FDP auf Linie gebracht werden.

Aber auch die CDU/CSU scheiterte mit ihrem Impfvorsorgegesetz. Natürlich bekam erwarteter weise die AFD, die über die anderen Gesetzesvorgaben hinausgehen und die, im letzten Herbst verabschiedete Impfpflicht für Leute im Gesundheitswesen wieder rück-abwickeln wollte, ebenfalls keine Mehrheit. Katzenjammer in den Leitmedien. Kritische, sogar verwerfliche Kommentare bei ARD und ZDF. Tenor: Jetzt würden die armen Menschen in der Pflege die bösartige Suppe auslöffeln müssen, wenn es im Herbst wieder mit den Infektionen losgehen würde. Leiden sie nicht deutlich mehr als andere, die nicht geimpft wurden?

Was ist denn die wahre Wirklichkeit? Die Impfstoffe mögen Gutes bewirken – das tut aber auch schon allein das wärmer werdende Wetter und eine gesündere Lebensführung plus genügend personell ausgestattete Einrichtungen. Impfstoffe können aber auch Schlechtes bewirken. Leider wird bei uns alles versucht, damit nicht die wirklichen Zahlen der Impfschäden ans Tageslicht kommen. Und wenn tatsächlich mal jemand kritische Fragen stellt oder eine Zusammenstellung der Impfschäden seiner Krankenkasse an das Paul-Ehrlich-Institut schickt, dann wird er vom Vorstand ruck zuck entlassen! Alles in den letzten Wochen erlebt. Eine Impfpflicht hätte aber noch mehr Negatives bewirkt: Es wären womöglich nicht nur Teile der Geimpften erkrankt oder geschädigt worden, wie dies bei einer guten Bekannten, die als Krankenschwester kurz nach der Impfung an Krebs erkrankte, der Fall war, sondern indirekt wäre weiterer Schaden entstanden. Denn etwa zehn bis fünfzehn Prozent der Beschäftigten sind noch ungeimpft und sie würden auf keinen Fall eine Impfung haben wollen; eher würden sie kündigen. Oder eben sich krankschreiben lassen.

Zwei meiner Patientinnen haben bereits in Seniorenheimen gekündigt. Ob die 26 Kliniken, die seit dem Beginn der Pandemie zugemacht wurden, deshalb geschlossen wurden, weil ihnen das Personal fehlte oder aus gewinnorientierten Gründen – unklar.

Nun sitze ich hier gerade in Klagenfurt in Österreich, wo die Maßnahmen zwischenzeitlich noch härter waren als bei uns. Auf der Fahrt hierher von Berlin aus gab es Kurioses zu berichten: In Deutschland war am 3. April die generelle Maskenpflicht ausgelaufen, man konnte frei entscheiden, wie man in Geschäfte gehen wollte – noch reichlich unsicher die ersten Versuche. Dann auf der Fahrt durch die Tschechei sah man nirgendwo jemanden mit Maske. Nein! Stimmt nicht! Zwei waren mit Maske auf dem Klo – zwei Deutsche. Und jetzt in Österreich: Da herrscht regelrecht striktes Maskengebot. Allerdings haben sie ihre generelle Impfpflicht erst einmal ausgesetzt.

Freitag, 8. April 2022: Die gute und befreite Stimmung über die abgeschmetterte Impfpflicht in Deutschland ist immer noch da, aber es mischt sich auch ein wenig Sorge, dass unser ‚Klabautermann‘ nicht Ruhe geben könnte. Er will es erneut versuchen. Was mich total verwundert: In Deutschland findet diese Breaking News Nachricht kaum Berücksichtigung. In der Bild-Online stand gestern kein einziges Wort darüber. Heute findet sich ein Hinweis auf das Scheitern des

Gesetzes weit hinten. Das ist ja wohl ein Ding! Für Dutzende von Millionen Deutsche ist das eine Nachricht, die sie zum erleichterten Jubeln veranlasste – in den Leitmedien findet sich kaum etwas, denn auch bei Stern, Focus und Spiegel bleibt das Thema unauffindbar.

Nun gut, was den Spiegel anbetrifft, so erschließt sich mir der Sinn. Er hatte in den letzten Jahren zwei ‚großzügige‘ Spenden über etliche Millionen von Bill Gates bekommen. Und wenn jemand mich bezahlt, der weltweit an allen wichtigen Impfstoff-Firmen beteiligt ist, dann darf man natürlich nicht jubeln, wenn die Gewinnaussichten durch eine fehlende Impfpflicht langsam geschmälert werden. Haben vielleicht auch Stern, Focus und andere ordentlich Geld bekommen? Ob das nun Schmiergeld war, das wird wohl nie rauskommen. Aber ein schlechter Beigeschmack ist mit Sicherheit dabei. Wen wundert es, dass selbst hier in Österreich nur kleine nebensächliche Presse-Infos zu diesem Thema in den Zeitungen stehen. Die hängen natürlich genauso in dem Spinnennetz drin, wie die Deutschen.

Dienstag, 12. April 2022: Alles scheint sich aufzulösen. Waren zwei Jahre lang die Nachrichten zu 90 Prozent voll mit COVID-Themen, so dominiert jetzt die Überflutung mit Bildern und Nachrichten, wie schlimm Putin in der Ukraine kämpfen und wüten lassen würde.

Ich hatte mir anfangs natürlich auch einige Sorgen gemacht wegen Corona, dass ich selbst erkranken könnte und so weiter. Aber rasch größer wurde die Sorge vor einem Zusammenbruch der Systeme. Alles erwies sich jedoch als relativ robust. Bei uns ist wohl augenscheinlich die Endphase der

Corona-Krise eingeleitet. Nun gut, es fehlt an Mehl, Keim-Öl und vielem anderen und die Spritpreise laufen aus dem Ruder …

7

Und jetzt, wie geht's weiter ...?

Mittwoch, 13. April 2022: Hier bei uns nähert sich das Leben einer Normalität, wie wir dies schon kaum noch zu hoffen gewagt hatten. Hinterher würde nichts mehr so sein, wie es mal gewesen sei, so hatten uns immer wieder Politiker und auch ihre Wissenschaftler über die Medien vorgebetet. Stimmt. Wir leben jetzt in einer ‚neuen Normalität'. Aber was passiert da in China? Was ist da denn los?

Donnerstag, 14. April 2022: Erschreckend. Sie haben dort nur 26.517 bestätigte positive Fälle bei einer Inzidenz von 11,6. Ich erinnere daran, fast hat man das schon vergessen. 11,6 heißt: Rechnerisch knapp 12 Menschen mit einem positiven PCR-Ergebnis bezogen auf 100.000 Einwohner und das auch noch innerhalb von 7 Tagen. Eigentlich nicht der Rede wert. Aber China verfolgte von Anfang an eine Null-Covid-Strategie. Mit der Atombombe jagen sie ein Wildschwein. Sie haben unglaubliche Restriktionen erlassen. In Shanghai werden 26 Millionen Menschen zu Hause eingesperrt. In einem Zeitungsbericht lese ich, dass das völlig überraschend für die armen Menschen kam. Viele hatten kaum Zeit, um sich mit Lebensmitteln einzudecken. Manche springen von Hochhäusern in den Tod. Aber das Schlimmste: Die Produktionsstätten stehen still. Dabei ist China das Versorgungs-Zentrum für so gut wie alle Industrieländer. Stehen in China die Bänder still, stehen sie auch in Deutschland still, in den USA, in Indonesien, Italien, Frankreich … Und gleichzeitig der Krieg in der Ukraine!

Hatte vor kurzem den Dokumentar-Roman ‚Wuhan‘ gelesen. Interessant, wie der chinesische Autor das Leben dort darstellt. Wobei ich mich frage, wie das funktioniert. Die Menschen werden eingesperrt, aber wer sorgt für das Einsperren?

Also – wenn man jetzt nicht endlich aufhört mit diesen sinnlosen Maßnahmen (und auch mit dem Kriegsgeschehen), dann könnte das gesamte Wirtschaftssystem der Erde zusammenbrechen. Das zeigt: Die Pandemie mag fast komplett auf der Welt zu Ende sein, aber die Auswirkungen könnten noch lange weitergehen – je nachdem, wie sich die Chinesen entscheiden. Null-Covid und der Zusammenbruch oder Laufen-lassen, Krankheiten zulassen und nach einer Down-Phase wieder den Aufschwung einleiten, wie es Otto Scharner neulich in seiner U-Theorie erklärte.

Aber egal, wie die sich entscheiden, wir kleinen Leute müssen das so hinnehmen, wie die da oben – bei uns, wie bei den Amis, wie bei den Russen oder wie bei den Chinesen – man hat immer zwei Möglichkeiten, sich zu entscheiden.

Freitag, 3. Juni 2022: Die Züge quellen über vor Menschen. Kein Abstand ist möglich, kein Zugbegleiter, geschweige

denn Polizist oder Security-Mensch ist unterwegs. Wie denn auch? Das 9-Euro-Ticket ist schuld. Eingeführt von unserer schlauen Politik. Es sollte die Menschen, insbesondere Pendler entlasten und zum Umstieg auf die Schiene einladen, da durch die Sanktionen gegen Russland die Energiepreise drastisch gestiegen sind.

An den Zugtüren kleben noch die Plakate: Einstieg nur mit Maske. Das 3G haben sie inzwischen abgekratzt. Und drinnen wird es makaber. Man soll auf Abstände achten und es sei nur erlaubt, die Plätze an den Fenstern zu belegen. Stehen im Gang – untersagt! Nun hat die Wirklichkeit die Vorschriften überrollt. Die armen Zugbegleiter. Die lassen sich sicherheitshalber gar nicht mehr sehen. Kontrolle gibt es nicht mehr. Keine Rede mehr über die Ansteckungsgefahr in Innenräumen.

Wie kurios das Ganze ist: Noch vor Wochen wurden die harmlosen Spaziergänger, die im Freien ihren Unmut über die verordneten Regierungs-Maßnahmen deklarierten, diffamiert, als Schwurbler, als Rechte, als Querdenker bezeichnet und von Polizei in Mannschaftsgröße eskortiert. Gegen viele wurde nicht nur mit Bußgeldern, sondern auch zum Teil massiv vorgegangen, weil sie im Freien keinen Abstand einhielten und auf das Tragen von Masken verzichteten.
Und jetzt? Jetzt steht man hier im Zug enggedrängt, alle Sitzplätze sind belegt und darüber hinaus: Man befindet sich in Innenräumen. Also dort, wo das Ansteckungsrisiko im Vergleich zum Freien bei 99,9 zu 0,1 Prozent liegt. Aber jetzt ist das anscheinend nicht mehr wichtig. Jetzt gilt es, die Russen mit ihrem Putin zu besiegen.
Die Inzidenz in China liegt übrigens inzwischen wieder bei 0,1. Das kann man ja kaum berechnen – wahrscheinlich nur ein statistischer Wert. Ansonsten würde das bedeuten: Ein Erkrankter, beziehungsweise korrekter ausgedrückt: ein positiver PCR-Test innerhalb von sieben Tagen auf eine Million Bewohner. Und dennoch wird das Leben weiterhin runtergefahren. Nicht mehr ganz so stark wie vor Wochen, wo daraufhin weltweit die Lieferketten zusammenbrachen, aber noch liegen immer noch tausende von Schiffen vor Shanghai und warten, da sie nicht beladen werden können.
Samstag, 11. Juni 2022: Die Zeitung ‚Die Welt‘ berichtet, dass im Freistaat Sachsen ein erster Landkreis sozusagen „aus der Impfpflicht für Pflegeberufe ausschert“. Vielleicht

hätte man lieber schreiben sollen, dass die Sachsen die ersten sind, die die Zeichen der Zeit erkannt haben: *„Der sächsische Landkreis Mittelsachsen im Freistaat Sachsen hatte am Donnerstag bekanntgegeben, das Gesundheitsamt habe schon 1200 ungeimpften Pflegekräften schriftlich bescheinigt, dass sie ihrer Arbeit weiter uneingeschränkt nachgehen könnten. Der Landkreis wich den Angaben zufolge vom bundesweit geltenden Vorgehen in der Corona-Pandemie ab und verzichtete auf die Anhörung der Betroffenen und die Androhung von Bußgeldern und Betretungsverboten."*

Ganz anders würde es in Mecklenburg-Vorpommern zugehen, wo nach jüngsten Erhebungen des Schweriner Gesundheitsministeriums knapp 7600 Pflegekräfte und Mitarbeiter von Dienstleistern in Einrichtungen nicht gegen das Coronavirus geimpft oder von einer Corona-Infektion genesen seien. Wenn ich mir jetzt die Liste der Impf-Folgeschäden anschaue, dann kann ich nur hoffen, dass die Verantwortlichen endlich vernünftig werden. Oder wollen sie das gar nicht?

Dienstag, 14. Juni 2022: Es wird Zeit, die Aufzeichnungen zu einem Ende zu bringen. Was bietet sich da mehr an, als ein Fachartikel, in dem es um die Übersterblichkeit in den USA geht? Ein paar Ausschnitte aus dem Bericht ‚Tötet die Covid-Impfung mehr Menschen, als sie rettet?‘:

„Nach Angaben der U.S. Centers for Disease Control and Prevention (CDC), wurden seit Beginn der COVID-19-Pandemie vor zwei Jahren mehr als 1 Million überzählige Todesfälle - d.h. Todesfälle, die über den historischen Durchschnitt hinausgehen - verzeichnet, und dies kann nicht durch COVID-19 erklärt werden. Die Zahl der Todesfälle durch Herzkrankheiten, Bluthochdruck, Demenz und viele andere Krankheiten stieg in dieser Zeit an. *So etwas haben wir noch nie erlebt"*, sagte Robert Anderson, zuständiger Leiter für die CDC-Sterblichkeitsstatistik, Mitte Februar 2022 gegenüber der Washington Post.

Überall auf der Welt sind die Sterblichkeitsraten parallel zur Verabreichung von COVID-Impfungen gestiegen, wobei die Gebiete mit den höchsten Impfquoten die Gebiete mit den niedrigsten Impfquoten in Bezug auf die Übersterblichkeit und die COVID-bedingten Todesfälle überholt haben. Dies steht im Widerspruch zu den offiziellen Behauptungen, dass die Impfungen schwere COVID-Infektionen verhindern und das Sterberisiko senken, sei es durch COVID oder andere Ursachen.

War ich von Beginn an skeptisch, was das ständig vorgetragene Narrativ anbetraf, die Pandemie könne nur zu Ende gehen, wenn alle oder zumindest möglichst viele Menschen geimpft seien, so gibt mir dieser wissenschaftliche Befund rückblickend recht. Denn ich hatte sofort ein ungutes Gefühl dazu, wie das Corona-Thema an uns herangetragen wurde - damals im Januar 2020. Wir waren gerade dabei, uns für einen Urlaub in Rijeka, Italien und Rothenburg o.d. Tauber fertig zu machen, als das ganze los ging. Aber lassen wir das, es scheint eine Ewigkeit her zu sein.

Fazit: Betrachtet man zum Schluss die Dinge rückblickend, die hier über knapp drei Jahre gemacht wurden, so erscheint die ganze Sache noch unglaublicher. Hätte uns jemand im Herbst 2019 erzählt, wir würden mal zwölf Wochen nicht unsere Häuser verlassen dürfen, in Cafe's mit Maske sitzen, verurteilt werden, wenn wir in Gruppen auf einer Straße spazieren gehen würden oder Schulen und Kindergärten schließen, man hätte uns damals für verrückt erklärt.

Bücher, die ich gelesen habe und die mir die Augen öffneten:

- Chronik einer angekündigten Krise (Schreyer)
- Corona Fehlalarm (Reis/Bhakdi)
- Corona-Impfstoffe (Arvay)
- Corona-Impfung (Bahner)
- Corona unmasked (Reis/Bhakdi)
- Das Corona-Syndrom (Nehls)
- Das Maß ist voll (Hahne)
- Das Virus (Dr. Theißen)
- Die Sprache des Vierten Reichs (Matt)
- Falsche Pandemien (Wodarg)
- Unser Immunsystem (Streeck)
- Verschwunden (De Changy)
- Weizen-Wampe (Davis)
- Wir können es besser (Arvay)
- Wuhan (Yiwu)

8

Anhänge – interessant und weiterführend

Virologe widerspricht Lauterbach
Charité-Immunologe Andreas Radbruch widerspricht Karl Lauterbachs Vorschlag für eine vierte Impfung für alle ab 60. Radbruch erklärt, warum häufiges Boostern kontraproduktiv ist – und die Impflücke in Deutschland viel kleiner als angenommen.

https://www.welt.de/politik/deutschland/plus237884747/Kritik-an-Lauterbach-Vorstoss-Vierte-Impfung-Aus-immunologischer-Sicht-zumindest-fragwuerdig.html?cid=socialmedia.facebook.shared.web&fbclid=IwAR1QKn6KLXyg7K-asU-gE1lVNc-W_fU7fPD2RwVLJC7se5o7ZcRo28lF7e_Q

Landkreis setzt die Impfpflicht nicht um
Der Landkreis Vorpommern-Greifswald wird nach eigenen Angaben die für Mitte März geplante Impfpflicht für Mitarbeiter von Pflegeheimen und Krankenhäusern nicht durchsetzen.

https://www.spiegel.de/panorama/landkreis-setzt-berufsbe-
zogene-impfpflicht-nicht-durch-a-1c4f0272-37f1-440a-92e1-
36433f1cb91b

Ungeimpfte Minderheit wird diskriminiert

Es gibt eine neue, diskriminierte und ausgegrenzte Minder-
heit im Lande. Gerade die öffentlich-rechtlichen Medien er-
zählen gern das Märchen von den Guten und den Bösen.

https://www.berliner-zeitung.de/politik-gesellschaft/daniela-
dahn-was-ich-bei-ungeimpften-in-meinem-umfeld-beobach-
te-li.190726.amp?fbclid=IwAR0nt3D0j4eXh0j_uEXrjzy4LLvj-
psWhdNjuax0BK4lJHZmKONJOP5Q0M4c

Dunkelziffer der Impfschäden enorm hoch

Sorgen vor einer Corona-Impfung tut der Vorsitzende der
Ständigen Impfkommission als Unfug ab. Das kritisiert der
Internist Erich Freisleben. Im Interview erzählt er offen von
den möglichen Nebenwirkungen der Impfung und äußert die
Ansicht, dass die derzeitige Politisierung der Wissenschaft
auf Dauer das Vertrauen der Menschen erschüttern könnte.

https://www.cicero.de/innenpolitik/debatte-um-impfskepsis-
ich-wurde-kimmich-verstandnis-signalisieren-erich-freisle-
ben?fbclid=IwAR3yXGALoK-pPeNCLc7Npm0InTGdaaHDT-
zEd2Gz4GDtFETqAuLX8-3r84Bo

Zu viel Boostern überlastet das Immunsystem

Die Europäische Arzneimittelagentur und Aufsichtsbehörden der Europäischen Union (EMA) warnten vor zu häufigen Booster-Impfungen gegen Covid-19. Dies könne die Immunantwort beeinträchtigen. Regelmäßige Booster-Impfungen nach den Grundimpfungen könnten demnach zu einer Schwächung der Immunantwort führen.

https://www.epochtimes.de/politik/ausland/ema-zuviel-boostern-kann-immunsystem-ueberlasten-und-bringt-nicht-viel-a3685318.html

Das Corona-Virus wurde künstlich hergestellt
Dabei sollen Fledermauspopulationen in China mit einem künstlichen SPIKE-Protein-Impfstoff behandelt werden, vorgeblich um ihre Immunität gegen SARS-Cov-Viren zu erhöhen. Diese synthetischen Spike-Proteine sollen dafür an SARS-Cov-Viren angehängt werden.

https://www.projectveritas.com/news/military-documents-about-gain-of-function-contradict-fauci-testimony-under/?fbclid=IwAR1rlof8RmXs-kDVN_K1ckQhz8KayvPYg-0hmEy_3-calb5wT5Q5JwwiH490
Korruption bei Impf-Verträgen

Geschwärzte Dokumente, umstrittene Vertragsverhandlungen über Impfstoffe und null Transparenz.
Für die EU-Abgeordnete Christine Anderson (AfD) und einige andere Parlamentarier ist das nicht länger hinnehmbar.

https://www.epochtimes.de/politik/ausland/druck-auf-von-der-leyen-waechst-eu-parlamentarier-fordern-ruecktritt-a3739516.html
Weitaus mehr Impfschäden als offiziell gemeldet

Prof. Harald Matthes Charité-Forscher: „Mindestens 70 Prozent Untererfassung bei Impfnebenwirkungen"
https://www.focus.de/gesundheit/news/charite-forscher-harald-matthes-im-interview-mindestens-70-prozent-untererfassung-bei-den-impfnebenwirkungen_id_76570926.html

Das ist nur ein winziger Ausschnitt –
„Wer suchet, der findet." (Jesus)

Die weiteren Bücher von Eckart Warnecke.

Verse & Gedichte für Seele und Bewusstheit Band 1: Momente im Oktober

Ein neues Hobby von mir. Gedichte für die Seele aus der Stimmung eines Oktobers heraus, z.B.

- Vor Leichtigkeit schweben
- Herbststürme
- Wanderungen
- Der Morgen klopft an
- Eine Seele der Stille

Zu den Gedichten jeweils passende Buddha-Stones von mir mit positiven Botschaften.

ISBN: 9783754338315

Verse & Gedichte für Seele und Bewusstheit Band 2: Momente im März

Ein Band mit Frühlingsgedichten – Aufbruch, um die Schönheit der Natur, um Neuanfang, z.B.

- Der März bringt die Wende
- Die neue Realität
- Dein herrlich befreites Lachen
- Osterbotschaften
- Bäume sind unsere Freunde

Auch hier wieder mit neuen, und zum März passenden bemalten Steinen mit Botschaften.

Reiki – Der zweite Grad (Energetische Arbeit) „Die Zukunft liegt in Dir"

- Grundlagen für ‚wirkliche' Heilung
- Bedeutung des ‚positiven Denkens'
- Burnout – Behandeln und Vorbeugen
- Darmsanierung
- Reinigung von Wohnräumen
- Umwelt-Reiki
- Auflösung innerer Blockaden
- Energie-Dusche und Harmonisierung
- Behandlung von schweren Krankheiten
- Reiki bei Kindern

ISBN: 978-3-96051-274-5

Reiki – Der zweite Grad (Das Original)

Eckart Warnecke geht auf die Grundlagen und Techniken ein und widmet sich dann dem großen Anwendungsspektrum von Reiki II:

- Fernreiki
- Darmsanierung
- Mental-Heilung
- Reinigung von Wohnräumen
- Reiki-Dusche
- Auflösung innerer Blockaden
- Behandlung von schweren Krankheiten

ISBN: 3-8138-0410-0 (aus 2001)

Reiki in der Schwangerschaft

Ein Baby zu erwarten? Kaum etwas, was mehr Freude und Glücksgefühl, was aber auch Ängste und Unsicherheiten in uns auslöst, so dass wir oft recht hilflos sind. Reiki, die uralte Methode des Handauflegens, die uns mit der >universellen Lebensenergie< verbindet, bietet werdenden Eltern eine ganz neue Möglichkeit, Krankheiten, Unpässlichkeiten und Beschwerden sowie auch die Entwicklung des Babys im Bauch und die Zeit danach positiv zu beeinflussen.

ISBN 3-8138-0370-8

Der Malerweg – Unterwegs zum ‚inneren Frieden

Erlebnistagebuch über eine achttägige Wanderung durch die schönsten Gegenden der Sächsischen Schweiz. Zur Ruhe finden, wieder Kraft tanken, den Kopf frei bekommen, Verbundenheit mit der Natur erleben. Burnout-Prävention mal anders. Der Psychotherapeut Eckart Warnecke zeigt den Leserinnen und Lesern wie das geht; beschreibt die vielfältigen Möglichkeiten des achtsamen und bewussten Wanderns – auch als Pilgerwanderung gut geeignet.

ISBN: 9783754378984

Direkte Bestellungen:
Zwei-Ecken-Verlag@posteo.de
Telefon: 05813896378
Marderhof 17, in 29525 Uelzen

Hinweise:
Dieses Buch basiert auf persönlichen Erfahrungen und
beschreibt die Entdeckungsreise des Autors zu Quellen,
die es nicht in die Mainstream-Medien geschafft haben.
Es ist besonders gründlich recherchiert, alle Quellen
können auch weiterhin im Netz gefunden werden, man
muss allerdings direkt danach suchen.
Aufgrund der instabilen Entwicklung der Finanzsituation
kann es mit der Zeit zu Veränderungen bei den Preisen
kommen.

Ich wünsche allen Leserinnen und Lesern weiterhin
einen offenen Geist und ein ausreichend kritisches Bewusstsein.

Eckart Warnecke
(im August 2022)